# SECRETOS
# DE
# PROSPERIDAD

# SECRETOS DE PROSPERIDAD

## ABUNDANCIA EN EL SIGLO XXI

### ANNICE BOOTH

*basado en las enseñanzas de*

### MARK L. PROPHET

*y*

### ELIZABETH C. PROPHET

**Porcia Ediciones**

Barcelona  Miami

Título original:
*SECRETS OF PROSPERITY*
*Abundance in the 21st Century*
by Annice Booth based on the teachings of Mark L. Prophet & Elizabeth Clare Prophet

Traducción al español: Jorge Sotoca, copyright © 2000 Porcia Ediciones, S.L.
Reservados todos los derechos. Publicado por

PORCIA EDICIONES, S.L.
Enamorados 68 Principal 1º, Barcelona - 08013, España
Tel./Fax (34) 93 436 21 55
E-mail: porciaediciones@wanadoo.es

con autorización de SUMMIT UNIVERSITY PRESS

1ª edición de bolsillo: Abril 2001
Depósito legal: B-19807-01
ISBN: 84-95513-06-4


Impreso en España por Novoprint
*Printed in Spain*

# Índice

# Imágenes

# *Prefacio*

En este libro encontrarás un mapa que te guiará hacia la prosperidad... si estás dispuesto a estudiar y a poner en práctica los secretos que te llevarán a ella. La verdadera prosperidad es científica y ha sido demostrada por miles, quizá incluso millones de personas que, a lo largo de la historia, han tenido éxito.

En realidad, muchas personas casi le tienen miedo a la abundancia; creen que el dinero es algo malo y que la pobreza es una bendición. ¡Nada más lejos de la realidad! De hecho, lo cierto es exactamente lo opuesto. Vidas y vidas de esfuerzos y penurias nos han condicionado a que aceptemos sin cuestionar todo lo que la vida nos traiga. Y, además, muchos que hemos sido en otras vidas monjes o monjas nos hemos dedicado a flagelar nuestro cuerpo y a repetir sin parar que somos miserables pecadores.

¡Ahora tenemos ante nosotros el siglo XXI y, con él, la aurora de la era dorada de Acuario! Ya es hora de que releguemos al olvido todos los conceptos limitativos, los sentimientos de negatividad y la falta de autoestima. Nos espera un mundo nuevo de abundancia, lo único que tenemos que hacer es aceptar las leyes de Dios y ponerlas en práctica.

Comencé a estudiar los secretos de la prosperidad hace muchos años cuando mi esposo y yo adquirimos un estudio fotográfico en el Norte de California. Yo me había criado en un entorno fundamentalista cristiano y, tras contraer matrimonio, empecé a asistir a la iglesia metodista de forma asidua. Estaba familiarizada con los versículos bíblicos que narraban los milagros de curación de Jesús, así como con las enseñanzas del Nuevo y del Antiguo Testamento acerca de la abundancia.

Pero, de súbito, me di cuenta de que, ahora que éramos dueños de un negocio, necesitaba enseñanzas complementarias para poder triunfar en esa nueva empresa. La abundancia tiene un precio: estudiar todos los libros que encuentres sobre este tema y pedirle a Dios que guíe y dirija tus planes.

En este libro intento explicar con términos sencillos lo que yo he aprendido. *Secretos de prosperidad: abundancia en el siglo XXI* es el resultado no sólo de mis estudios sobre otros autores, sino de las conferencias que, en los últimos veinte años, he impartido por el mundo entero. Escribir este libro constituye también el pago de una deuda de gratitud por haber tenido la fortuna de descubrir estas grandes verdades. Mi esperanza es que estos principios, una vez aceptados y aplicados con sinceridad, reduzcan el tiempo que tardes en alcanzar tus metas.

Yo comencé a leer todos los libros que pude encontrar sobre superación personal, casi como si estuviera en un curso universitario y me estuviera preparando para el examen final. Lo primero que aprendí fue que la prosperidad no consiste simplemente en tener dinero en el banco. También radica en tener una sensación de abundancia: salud, riqueza, felicidad, alegría, paz, fe, esperanza, sabiduría; y además, estar en sintonía con el flujo del universo. Aprendí que era necesario poner por escrito mis metas para planificar mi futuro y estar abierta a cualquier cambio que se presentara de acuerdo con la voluntad de Dios.

En el libro *The Power of Positive Thinking* («El poder del pensamiento positivo»)[1] de Norman Vincent Peale, aprendí que era inútil preocuparse y que era necesario conservar una actitud positiva y controlar la mente subconsciente por medio de afirmaciones positivas.

Napoleon Hill, autor de *Piense y hágase rico*[2], explica el principio de la «alianza de mentes maestras», según la cual dos o más personas trabajan juntas para alcanzar una meta. Dice que cuando varias mentes están en armonía, se crea un algo intangible que recorre el grupo y crea una mente adicional. Jesús enseñó este mismo principio: «Porque donde están dos o tres reunidos en mi nombre, allí estoy yo en medio de ellos»[3].

En su trabajo con muchos hombres ricos y triunfadores —a los que hoy llamamos grandes industriales—, Napoleon Hill encontró un hilo común de verdad que nos lleva a todos al éxito y a la fama, o bien al fracaso. Podemos aprender mucho estudiando las vidas de quienes han tenido éxito y a continuación aplicando en nuestra vida los principios que les guiaron.

Robert Collier, en *Riches Within Your Reach* («Riquezas a tu alcance»)[4], fue el primero que me dijo que el dinero se multiplica cuando lo bendecimos. También me explicó la necesidad de visualizar y hacer un mapa del tesoro en el que incluyamos nuestros deseos.

Extraje valiosas revelaciones de muchas de las publicaciones de Unity[5], especialmente sobre la ley del diezmo y el

concepto de aceptar a Dios como socio en nuestros negocios. Te recomiendo todos estos autores, y muchos otros que
puedes encontrar actualmente en las librerías.

Estudié sinceramente todos esos libros y muchos más,
y comprendí que había un hilo común de espiritualidad que
los recorría todos: ¡Qué Dios sea el hacedor! ¡Hágase Tu voluntad y no la mía! Estos principios aparecían una y otra vez
en mis estudios. Los puse en práctica y logré cierto nivel de
éxito en nuestro negocio.

¡Fue entonces cuando conocí a Mark y a Elizabeth
Prophet!* Una conferencia de fin de semana en The Summit
Lighthouse, en Colorado Springs, resumió todo lo que yo
había estudiado en los diez años anteriores. Mark Prophet dio
una conferencia titulada «Secretos de prosperidad». Para mi
sorpresa y deleite, encapsuló en una hora todas las enseñanzas
que yo había leído en los libros, y añadió muchas más.

Me presentó a los maestros ascendidos*: los santos y
sabios de las eras, los santos «vestidos de blanco» que menciona el Apocalipsis. Él me dijo que los maestros ascendidos
habían sido hombres y mujeres como nosotros, que se habían enfrentado con los mismos problemas que nosotros
afrontamos hoy y que habían vencido el pecado, la enfermedad y la muerte. Ascendieron de regreso al corazón de Dios,
tal como nosotros estamos destinados a hacer un día, y ahora son parte de los santos ascendidos del cielo.

Algunos de estos grandes maestros de sabiduría trabajan en la actualidad como instructores de la humanidad. He
incluido muchos de los mensajes que les dictaron* a los mensajeros* Mark y Elizabeth Prophet.

Me emocionó muchísimo haber encontrado, por fin,
el eslabón perdido en mi búsqueda de la prosperidad y la

verdadera abundancia. Escribí dos cartelitos y los puse sobre mi escritorio: «Para Dios todo es posible»[6]; y «Todo lo puedo en Aquel que me conforta»[7]. Escribí listas de afirmaciones de abundancia y las repetía una y otra vez. Y, por la gracia de Dios, tuvimos éxito en nuestro negocio.

La jubilación me dio el tiempo, así como la oportunidad de hacer lo que *realmente* quiero hacer ahora que estoy libre del ajetreo del mundo de los negocios.

En un restaurante chino me dieron una galletita de la suerte que decía: «Tu jubilación será tan productiva y constructiva como tu vida profesional». La enmarqué y la puse en mi escritorio para poder verla varias veces al día. Escribir se ha convertido para mí en una nueva carrera, una carrera de la que, además, estoy disfrutando.

Cuando hagas planes para tu vida, no dejes de incluir en ellos tu jubilación. Espero que la disfrutes tanto como yo estoy disfrutando de la mía.

Que Dios te bendiga espléndidamente con Su abundancia mientras estudias para lograr tu prosperidad personal.

*Annice Booth*

---

\* Algunas palabras pueden no ser familiares para el lector y, por lo tanto, las hemos incluido en un glosario al final del libro y marcado con un asterisco en

# 1

# *Abundancia para el nuevo milenio*

Al mirar de frente al nuevo milenio, muchos de nosotros hacemos un alto en el camino para recapacitar acerca de cómo comenzar una nueva vida. En los albores del año 2000, nos encontramos con una página en blanco sobre la que anotar nuestros sueños y esperanzas. Podemos además escribir nuevos planes para mejorar nuestro «viejo yo» y convertirnos en la persona que verdaderamente queremos ser.

Ponemos nuestros propósitos por escrito, hacemos planes, establecemos metas; y estoy segura de que todas nuestras listas de deseos para el año nuevo incluyen «más prosperidad en el año 2000 y en los siguientes».

La prosperidad no consiste simplemente en tener dinero, ya sea en el bolsillo, en el banco, en la cartera de acciones o en inversiones a plazo fijo. La verdadera prosperidad es tener sensación de abundancia, de que tienes derecho a vivir una vida abundante, ya que eres hijo de un Padre y una

Madre opulentos que te aman y que, por lo tanto, tienes derecho a todas Sus riquezas. Ésta es tu verdadera herencia.

### ¿Qué es la prosperidad?

La prosperidad es salud, riqueza, felicidad, alegría, paz, fe, esperanza, sabiduría, estar en sintonía con el flujo del universo y ser capaz de aceptar la abundancia de Dios.

Sin embargo, esta abundancia que todos buscamos les es a menudo negada a quienes más la desean debido a que hay en su vida cualidades negativas. La conciencia de pobreza puede, de hecho, robarnos la provisión que con tanta diligencia pedimos en nuestras plegarias. En realidad, puede ponernos de mal humor y alejar aún más la abundancia de nuestras manos.

Hay personas que, creyendo que no la merecen, le tienen miedo a la vida abundante. Otras creen que siempre y cuando sean pobres están a salvo de los «males» que, supuestamente, engendra el dinero. Ello no refleja la verdadera enseñanza contenida en los versículos bíblicos. Con mucha frecuencia se ha citado erróneamente el versículo 10 del capítulo 6 de la Primera Epístola a Timoteo, que en realidad dice: «La raíz de todos los males es el *afán* de dinero», no el dinero en sí.

En capítulos posteriores hablaremos de por qué podemos estar experimentando un problema temporal aun habiendo flujo de provisión en nuestras vidas. Por ahora, simplemente acepta el hecho de que Dios quiere que tengamos buena salud, riqueza y sabiduría. Él ha decretado que sus hijos sean felices, pero hay muchos que parecen querer alejar a la felicidad con todas sus fuerzas.

### La percepción de un niño

Todos hemos visto a un niño abrir los regalos de Navidad. No dice: «¿Por qué lo hiciste? No debiste gastarte tanto dinero. No me merezco este regalo». Claro que no; lo que hace es quitar la envoltura con impaciencia y echarla a un lado, sin mirarla dos veces, e inmediatamente comienza a jugar con el nuevo juguete. Puede que hasta se le olvide darte las gracias, pero su sonrisa de placer te indica que con gusto y sin reservas acepta el regalo que le has traído.

Esa percepción candorosa es lo que tantas veces falta en este mundo nuestro. Jesús dijo que a menos que nos convirtamos en niños pequeños, no podremos entrar en el reino de los cielos. ¿Estás dispuesto, por un momento, a dejar a un lado tus preocupaciones, inquietudes y dudas, y a aceptar sin más que eres *digno* de tener prosperidad y abundancia en tu vida?

Acompáñame mientras empezamos la búsqueda del verdadero significado de la vida. Uno de los grandes obstáculos que nos apartan de nuestra abundancia y provisión divinas puede ser, simplemente, que no lo *pedimos,* o que nos negamos a pedirlo. Jesús dijo: «Pedid y recibiréis»[1].

### Pide

Una maestra ascendida, llamada Nada\*, dijo una vez: «Que los hombres y mujeres entiendan que la cornucopia del cielo está a la espera de derramar su vida abundante sobre todos. Para recibir, el hombre no tiene sino que admitir su necesidad y pedirle a Dios»[2]. Además, la Biblia dice:

*Y todo cuanto pidáis con fe en la oración, lo recibiréis*[3].
*Si me pedís algo en mi nombre, yo lo haré*[4].

*Hasta ahora nada le habéis pedido [al Padre] en mi nombre. Pedid y recibiréis, para que vuestro gozo sea colmado[5]. A vuestro Padre le ha parecido bien daros a vosotros el reino[6].*

Primero tenemos que pedir y después esperar con fe para demostrar las promesas que Dios nos ha hecho. Algunas veces lo único que hace falta es decidir que estamos cansados de llevar una vida de penuria y que, desde este momento en adelante, aceptamos las riquezas que Dios quiera concedernos.

La Biblia, y especialmente el Nuevo Testamento, está repleta de secretos de prosperidad. Estamos tan familiarizados con estas referencias bíblicas que no reconocemos las grandes perlas de verdad contenidas en ellas.

*De Yahveh es la tierra y cuanto hay en ella, el orbe y los que en él habitan[7].*
*Ni el ojo vio, ni el oído oyó, ni al corazón del hombre llegó, lo que Dios preparó para los que le aman[8].*
*Y mi Dios proveerá a todas vuestras necesidades con magnificencia, conforme a su riqueza, en Cristo Jesús[9].*

No sólo nuestras sagradas escrituras cristianas contienen secretos de prosperidad, sino que también los podemos encontrar en las escrituras de otras grandes religiones del mundo.

«La fe es garantía de lo que se espera; la prueba de las realidades que no se ven.»[10] Cuando el camino parezca oscurecerse, ora pidiendo iluminación y guía espiritual. Después, espera con paciencia, confiando que lo que has pedido se manifestará a su debido tiempo, de acuerdo con la voluntad de Dios.

## Meditación sobre la perfección
*por MARK L. PROPHET*

*Padre nuestro que estás en los cielos, santificado sea Tu nombre. Abre los grandiosos continentes del aire al espíritu de perfección que en Ti está. Por intermedio de la mano del Cristo vivo, camina libremente entre nosotros e irradia Tu Espíritu de perfección a través de nosotros. Penetra las murallas de la mente, esas barreras de destructividad —e incluso de concupiscencia, de error y de tinieblas— que nosotros hemos levantado. Y con tu Espíritu consúmelas con una llama viva, vital y completa. Oh, majestuosidad, desciende, en el nombre del Espíritu de la Gran Hermandad Blanca, por los siglos de los siglos.*

*Envía una corriente de energía vital de luz, la energía de la perfección, a cerebro, cuerpo, mente y alma de todos los espíritus libres. Desarráigalos de la tierra a la que han unido el hábito y los deseos banales. Imprégnalos ahora de los fuegos sagrados, brillo esencial, flujo de la perfección, mejoramiento divino, maravilloso de contemplar.*

*Oh, Tú que los lirios adornas con oro celestial, brillo dorado de energía de luz cósmica que rodea todas las conciencias, abriendo su espíritu de divinidad esencial, a todos rodeando y haciéndolos conscientes de la infinidad, de la perfección.*

*Yo amo, yo vivo, YO SOY.*

*He aquí, porque Tú eres, YO SOY. Que cesen las luchas, la lucha por lograr la automaestría en la imbatible victoria cósmica de la superación; superando —con la energía de Dios, tiempo atrás perfeccionada y que todo lo trasciende y todo lo transmuta con su ígneo brillo— todas las barreras que hemos levantado. Oh, zarza ardiente, oh, fuego sagrado, desde las profundidades del deseo cósmico, desde la voluntad de Dios, que antaño con-*

*dujo a través del desierto del Sinaí hasta la Tierra Prometida, permite que los hombres entiendan que el YO SOY hace que vibren y dancen todas las células del cuerpo, librándose así de todo lo que las ate, ciegue, limite y provoque confusión.*

*Bésanos con Tu suave ósculo de paz, un dulce saber interior que ahora, como en cortina coronada de nubes, se remonta a aquellas magnas áreas que rasgarán el velo en dos, un lugar donde el hombre ya no estará separado de Dios, de la verdadera realidad de su ser, sino que gracias a la perfección del ojo omnividente podrá una vez más comenzar a cristalizar, a atraer, a vigorizar la imagen vibrante que YO SOY, que todos somos; pues ninguno es rechazado[11].*

# 2

# *La vida abundante*

Jesús dijo: «Yo he venido para que tengan vida y la tengan en abundancia»[1]. ¿Qué es la vida abundante? ¿Cómo reconocerla? ¿Qué cualidades necesitamos cultivar para que la provisión se manifieste en nuestra vida? ¿Qué aspectos de nuestra vida repelen la abundancia?

La vida abundante consiste en tener conciencia de libertad y de dicha en el corazón de Dios que resulta no sólo de reconocer nuestras limitaciones en forma de miedo, ansiedad y otros rasgos negativos, sino también de una adecuada visualización de nuestros deseos.

Podemos precipitar rápidamente aquello que satisfará todas nuestras necesidades y carencias si con sinceridad intentamos eliminar de nuestro mundo todos estos rasgos negativos y poner en su lugar cualidades positivas. Esto quiere decir que tenemos que vigilar nuestros pensamientos y sentimientos todos los días; algo muy fácil de decir, pero muy difícil de hacer. Sin embargo, éste es un secreto ineludible de la prosperidad, pues las ideas (positivas o negativas) son el cimiento de nuestras tentativas de precipitar.

Muchos de nosotros usamos inconscientemente las leyes de la abundancia en contra de nosotros mismos cuando decimos: «No puedo hacer tal cosa. No he recibido los estudios apropiados. Mi mala salud me impide hacer lo que verdaderamente me gustaría hacer. No sirve de nada que lo intente porque siempre fracaso», etcétera, etcétera.

¡Deja de hacer eso! Yergue la cabeza y di: «¡Para Dios todo es posible![2] Con Su ayuda, sé que puedo lograrlo; y, por lo menos, voy a intentarlo».

El sentimiento de tener abundancia debe comenzar con la sabiduría, que es uno de los mayores dones de Dios. Si tenemos sabiduría, todo lo demás llegará. Si conocemos las leyes de Dios y las aplicamos con sabiduría y juicio acertado, todo lo demás nos será dado por añadidura. «Buscad primero su reino y su justicia, y todas esas cosas se os darán por añadidura»[3], enseñó el maestro.

*Con la sabiduría se construye una casa, y con la prudencia se afianza;*
*con la ciencia se llenan los cilleros de todo bien precioso y deseable.*
*El varón sabio está fuerte, el hombre de ciencia fortalece su vigor[4].*
*Dichoso el hombre que ha encontrado la sabiduría y el hombre que alcanza la prudencia;*
*más vale su ganancia que la ganancia de plata, su renta es mayor que la del oro.*
*Más preciosa es que las perlas, nada de lo que amas se le iguala.*
*Largos días a su derecha, y a su izquierda riqueza y gloria.*
*Sus caminos son caminos de dulzura y todas sus sendas de bienestar[5].*

### La conciencia de abundancia

El concepto de alquimista, es decir, quien desea cambiar la circunstancias de su vida y del mundo, nace de la conciencia de abundancia. Dicho con palabras sencillas, esta conciencia es la creencia de que todo es posible.

Cuando nos consideramos un espíritu libre que se remonta al sol de Dios y Su conciencia, en verdad tenemos esa sensación de abundancia, el sentimiento de que nada puede detenernos. Pero al volver a bajar nuestra conciencia a la tierra, caemos ¡zas! y nos encontramos con que esa libre sensación de abundancia que acabamos de experimentar disminuye. Al entrar en contacto con otras ideas y conceptos, comenzamos a vernos en relación con el mundo que nos rodea en lugar de vernos unidos a Dios y a su provisión ilimitada.

Dejamos que nos limiten nuestras circunstancias: nuestro estrato económico, nuestro nivel educativo, nuestra familia, aquéllos que dependen de nosotros, nuestras responsabilidades. Nos hemos clasificado tanto en estas categorías de «quiénes somos, lo que somos, nuestro nivel intelectual», que quedamos atrapados por completo en estas ideas limitativas que anulan el sentido abundante del alma.

Decimos: «Mis ingresos son tal y cual, recibo todos los meses una determinada cantidad de la Seguridad Social, ocupo un puesto de baja categoría en mi trabajo y ni en diez años voy a poder ascender», y así sucesivamente. No sólo establecemos nuestras propias limitaciones, sino que, mucho peor, ¡las aceptamos!

### ¡La salida!

¡No obstante, sí hay salida! Relájate por un momento, respira profundamente, ponte cómodo y piensa en Dios. No dejes que entre en tu mente ningún otro pensamiento. Comprende que Dios y tú sois uno solo y que nada más existe. Ahora comienzas a tener la libertad que experimentaste durante las meditaciones en las que estuviste en la conciencia de Dios y comprendiste que no tenías limitaciones.

> *Yo y el Padre somos uno[6]. Yo y mi Madre somos uno.*
> *Grande es Yahveh, que en la paz de su siervo se complace[7].*
> *El reino de Dios ya está entre vosotros[8]. Buscad primero su reino y su justicia, y todas esas cosas se os darán por añadidura[9].*
> *Toda dádiva buena y todo don perfecto viene de lo alto, desciende del Padre de las luces, en quien no hay cambio ni sombra de rotación[10].*

La meditación y la oración pueden vencer los sentimientos de miedo, duda, ansiedad e inseguridad que surgen de nuestra mente subconsciente y de la inconsciente. Puede que nuestra conciencia perciba una sensación de limitación procedente de vidas pasadas para que, de una vez por todas, transmutemos esos registros y quedemos libres de los conceptos de limitación.

A continuación incluyo una hermosa meditación que dio el Maestro Ascendido El Morya* que puede ayudarnos a superar con prontitud los sentimientos de inadecuación e inseguridad que ocasionalmente nos atormentan. Si lo deseas, puedes enmarcar esta meditación y ponerla en tu escritorio para que te dé el valor de afrontar tu vida cotidiana.

## La alianza de los Reyes Magos
*por EL MORYA*

Padre, en tus manos encomiendo mi ser. Tómame y úsame —mis esfuerzos, mis pensamientos, mis recursos, todo lo que YO SOY— en tu servicio al mundo de los hombres y para tus nobles propósitos cósmicos, desconocidos aún por mi mente.

Enséñame a ser amable a la manera de la ley que despierta a los hombres y los guía a las orillas de la Realidad, a la confluencia del río de la vida, a la fuente edénica, para que pueda entender que las hojas del árbol de la vida, que me son dadas cada día, son para la curación de las naciones; que al almacenarlas en el tesoro de mi ser y ofrecer el fruto de mi amorosa adoración a ti y a tus propósitos supremos, en verdad estableceré una alianza contigo siendo tú mi guía, mi guardián, mi amigo.

Pues tú eres el que dirige mi conexión estableciendo una relación entre mi corriente de vida y esos contactos celestiales, limitados únicamente por el fluir de las horas, que me ayudarán a realizar en el mundo de los hombres el aspecto más significativo de mi plan de vida individual tal como tú lo concebiste y como es ejecutado en tu nombre por el Consejo Kármico* de supervisores espirituales quienes, bajo tu santa dirección, administran tus leyes.

Que así sea, oh, Padre eterno, y que la alianza de tu bienamado Hijo, el Cristo viviente, el Unigénito de la luz, me enseñe a percibir que él vive hoy día dentro de la trinidad de mi ser como el gran mediador entre mi Presencia Divina individualizada y mi ser humano; que él me eleva a la conciencia Crística* y a tu realización divina a fin de que al igual que el Hijo eterno se hace uno con el Padre, así yo pueda finalmente unirme a ti en ese momento dinámico en el que de la unión nace mi perfecta libertad para moverme, pensar, crear, diseñar,

*realizar, habitar, heredar, morar, y para estar totalmente dentro
de la plenitud de tu luz.*

*Padre, en tus manos encomiendo mi ser.*

### La llama violeta

Saint Germain*, un maestro ascendido a quien conocemos desde hace muchas encarnaciones, nos ofrece una salida: la misericordia de la llama violeta*. Aunque el concepto de la llama violeta pueda resultarnos novedoso, a lo largo de las eras, muchos santos, estando en profunda meditación, han visto una luz o un fuego de color violeta. Pero la revelación de denominarla llama violeta y de aprender a usarla para la transmutación del karma personal y planetario llegó con la reciente dispensación que Saint Germain recibió en el siglo XX.

La llama violeta ha sido llamada el borrador cósmico. Es el vino del perdón, el aspecto del séptimo rayo del Espíritu Santo*. Al invocar la llama violeta, tiene lugar en nosotros una transmutación, y esta llama convierte las causas del odio y de la ira —enterradas en lo profundo de nuestro subconsciente e inconsciente— en sentimientos de amor. Así se cumple lo que dice el versículo bíblico: «los días serán acortados para los elegidos».

Si deseas recibir el beneficio de esta energía milagrosa, lo único que tienes que hacer es invocarla, puesto que «el llamado exige respuesta». Mas éste es un llamado muy especial. No es una exigencia de la conciencia humana, sino la orden de tu Yo Real*, o Yo Crístico*, tu verdadero ser, el mediador entre tu Presencia YO SOY* y tu alma*. Puedes, pues, declarar:

«En el nombre del Yo Crístico y en el nombre del Dios viviente, invoco las energías del fuego sagrado desde el altar de mi corazón. En el nombre del YO SOY EL QUE YO SOY*, invoco la llama violeta para que arda desde el centro de la llama trina*, desde el núcleo de fuego blanco de mi Presencia YO SOY, multiplicada por el moméntum del bendito Maestro Ascendido Saint Germain. Invoco esa luz* para que entre en mi alma y active la memoria de libertad y le haga recordar el patrón original de su destino.

»Invoco la llama violeta transmutadora para que pase por mis cuatro cuerpos inferiores* y por la conciencia de mi alma, y transmute la causa y el núcleo de todo lo que sea inferior a mi perfección Crística, todo lo que no se ajuste a la voluntad divina para mi corriente de vida. Con pleno poder lo acepto como hecho realidad en este momento.»

El Morya nos enseña: «Al comenzar a usar la llama violeta, experimentarás sentimientos de alegría, ligereza, esperanza y novedad, como si el sol de tu ser estuviera disolviendo las nubes de la depresión»[11].

FUEGO VIOLETA

### Corazón*

¡Fuego violeta, divino amor,
llamea en este mi corazón!
Misericordia verdadera tú eres siempre,
manténme en armonía contigo eternamente!

(recítese tres veces)

### Cabeza

YO SOY Luz, tú, Cristo en mí,
libera mi mente ahora y por siempre;

fuego Violeta brilla aquí
entra en lo profundo de esta mi mente.

Dios que me das el pan de cada día,
con fuego violeta mi cabeza llena
que tu bello resplandor celestial
haga de mi mente una mente de luz.

(recítese tres veces)

### Mano

YO SOY la mano de Dios en acción,
logrando la victoria todos los días;
para mi alma pura es una gran satisfacción
seguir el sendero de la Vía Media.

(recítese tres veces)

### La abundancia divina nos rodea por doquier

«Todo lo que tiene el Padre es mío.»[12] Si ello es cierto, bien podemos preguntar: «Entonces, ¿por qué no tengo todas esas cosas bajo mi posesión?» La respuesta radica en que la riqueza de Dios se encuentra en las ideas y vibraciones divinas que recibimos de nuestra mente Crística.

Al purificar a diario nuestra conciencia con la llama violeta y comenzar a limpiar nuestra aura de registros procedentes de vidas anteriores, empezamos a recibir «corazonadas» e ideas. Nuestra intuición nos muestra maneras de poner en práctica estas ideas divinas y llevarlas a su término con éxito.

En la conciencia de Dios no hay ningún tipo de carencia o de limitación. La abundancia divina nos rodea por doquier; no tenemos más que aceptarla y atraerla a nuestro mundo físico. Al visualizar con concreción y exactitud lo que queremos manifestar, la substancia divina puede convertirse en nuestra provisión ilimitada. (En capítulos posteriores trataremos en profundidad el concepto de la visualización y de la precipitación.)

Repitiendo afirmaciones de abundancia, podemos forzarnos a comprender que Dios es nuestra fuente de provisión. «Yahveh es mi pastor, nada me falta.»[13] «Nuestro pan de cada día, dánosle hoy.»[14] Sin embargo, a veces tenemos que estar dispuestos a caminar sin mirar más allá del día presente, confiando con fe en Dios para la provisión del día siguiente.

Durante el viaje de los israelitas por el desierto, todos los días caía maná del cielo para alimentarlos. Cada mañana se les entregaba su comida, pero cuando intentaban recogerla y almacenarla para el día siguiente, se estropeaba y no podían comerla. Su prueba era confiar implícitamente en Dios para que Él les supliera todo lo que necesitaban. No tenían otra opción. En ciertas ocasiones, ésta puede ser también nuestra iniciación. Pero Dios siempre proveerá, si tenemos fe en Su abundancia y le pedimos con firmeza provisión universal.

### Los maestros ascendidos nos ofrecen su ayuda

Por si acaso no nos decidimos a aplicar estas leyes cósmicas por nuestra cuenta, se nos ha ofrecido la mediación de los maestros ascendidos. Podemos invocar en el nombre de nuestra Presencia YO SOY y Yo Crístico al maestro ascendido de nuestra elección y pedirle que nos ayude con su *moméntum* de maestría en cualquier rayo.

A continuación, una breve explicación sobre un término que puede ser relativamente poco familiar: *maestro ascendido*. Los maestros ascendidos se han estado comunicando con la humanidad desde hace miles de años. Los profetas de Israel decían que recibían la palabra de Yahveh, y entonces daban sus profecías. De hecho, hay muchas descripciones en el Antiguo y en el Nuevo Testamento de seres que aparecen vestidos de blanco, seres que eran presencias angélicas, que se presentaban con mensajes y advertencias en ciertos momentos cruciales de la historia del pueblo de Israel.

Vemos así que la aparición de los maestros ascendidos no es algo nuevo. Pero el término sí es nuevo, y es algo que hemos de comprender al entrar en el siglo XXI, la era de Acuario. Los maestros ascendidos no son más que personas como tú y como yo que han regresado a la conciencia de Dios. Son los seres «vestidos con vestiduras blancas»[15] que menciona el Apocalipsis.

Un maestro ascendido ha dominado su entorno, ha afrontado las mismas pruebas y aflicciones que nosotros afrontamos hoy día, ha obtenido el dominio sobre sí mismo, ha saldado al menos el cincuenta y uno por ciento de su karma*, ha realizado su plan divino y se ha vuelto a unir a Dios en lo que se denomina la ascensión* en la luz. Un maestro ascendido es aquél que ahora habita en los planos del Espíritu*, es decir, en el cielo. Los maestros ascendidos tienen gran importancia para nosotros porque ellos ya han demostrado las leyes cósmicas que nosotros estamos en el proceso de poner a prueba. Saben que podemos lograrlo porque ellos lo han hecho, a menudo en situaciones más difíciles que las nuestras hoy en día.

Me gustaría presentarte a Hilarión*, el maestro del rayo verde*: el rayo de la verdad, la curación y la provisión de

Dios. Esta llama es de un color verde brillante e intenso. El resplandeciente azul del poder de Dios se combina con el grandioso rayo dorado de la sabiduría divina y esta combinación da como resultado la llama verde de la precipitación y la abundancia.

Los médicos, los científicos, los sanadores, los músicos, los matemáticos y todas las personas dedicadas a la ciencia, la verdad, la constancia y la precipitación trabajan con Hilarión en el rayo esmeralda. El quinto rayo es un rayo de gran precisión, no sólo en lo que atañe a la verdad y la lógica sino también en lo referente a la música, la música de las esferas. Este rayo —de color verde esmeralda— se enfoca a través del chakra del tercer ojo para concentrar y precipitar en la Materia* las energías del Espíritu.

Rafael y la Madre María son los arcángeles que sirven bajo este rayo, y Ciclopea y Virginia son los Elohim del quinto rayo. En el capítulo cuatro, hablaremos de otros rayos y de sus maestros.

Sirviendo al lado de Hilarión —que en una encarnación pasada fue Saulo de Tarso— se encuentran muchos otros maestros y ángeles. Saulo fue un tenaz perseguidor de los cristianos hasta que, en el camino a Damasco, tuvo un encuentro con el Cristo resucitado y se convirtió. A partir de ese momento se le conoció como el gran evangelista Pablo.

Muchos de los libros del Nuevo Testamento fueron escritos por el apóstol Pablo y dan testimonio de los años que pasó viajando por Asia Menor, así como de las muchas iglesias que estableció en la cuenca del Mediterráneo.

Pablo fue hecho mártir en Roma y posteriormente reencarnó como Hilarión, un eremita que vivía en el desierto. Aunque deseaba vivir alejado de los hombres, sus grandes poderes curativos eran la causa de que las multitudes lo siguieran hasta los rincones más lejanos. Hacia el final de su vida, este santo se retiró a un lugar desolado de Chipre, adonde también le siguieron las multitudes, esperando recibir un milagro por intermedio del santo.

Después de su muerte, ascendió y continúa enseñando desde ese estado ascendido. El Maestro Ascendido Hilarión invita a todos los que lo deseen a ir en sus cuerpos sutiles* a su retiro* en el Templo de la Verdad situado en el reino etérico* sobre la isla de Creta. Recibimos las enseñanzas de los maestros mientras nuestros cuerpos duermen durante la noche o bien entre encarnaciones, porque nuestra receptividad a las vibraciones superiores es mayor cuando no estamos sumidos en el ajetreo cotidiano de la vida.

Puedes invocar en el nombre de tu Presencia Divina al maestro Hilarión. Pídele que te lleve a su retiro mientras tu cuerpo duerme, de noche. Pídeles a sus ángeles de curación que te muestren cómo curar cualquier enfermedad que se esté manifestando en tu cuerpo. Pide que te enseñen las verdaderas leyes de la precipitación de la abundancia para ti y para tu familia. Aunque es posible que no recibas las respuestas a tu oración de forma instantánea, poco a poco recibirás ideas que finalmente harán realidad tus deseos, de acuerdo con tu karma, por supuesto.

Fortuna*, Diosa de la Provisión, es otro de los maestros, una maestra, en este caso, del rayo verde, que nos enseña las leyes para precipitar abundancia. El rayo de la precipitación es de un brillante color verde oscuro con matices dorados.

Ella dice: «La llama de la precipitación es la llama del poder iluminado por la magna inteligencia de Dios. Y así, el verde estalla cual aurora boreal, la estrella fugaz de la promesa divina para el cumplimiento de todos los dones buenos y dádivas perfectas».

Fortuna nos dice también que «la provisión llega a los hombres a todos los niveles. La esencia del fuego blanco y del fuego sagrado* es algo que necesitan todas las corrientes de vida en sus cuatro cuerpos inferiores, no sólo en el físico.

»El cuerpo mental necesita la nutrición del rayo verde de la verdad. El cuerpo etérico precisa la nutrición de la verdad para corregir los registros de las malas siembras. Las emociones, los tranquilizantes efectos de la verdad divina. Y el cuerpo físico también tiene que saturarse del rayo de brillo rosa dorado, de la llama de la resurrección y de la radiación séptuple del grandioso poder de la creación.

»Al hacer tanta falta la provisión en el nivel físico —nos dice Fortuna—, es necesario que se hagan decretos* en el nivel físico.»[16] Para recibir con mayor prontitud las bendiciones que solicitamos al orar, es de gran ayuda visualizar mientras recitamos los mantras y afirmaciones. Hay personas para quienes es difícil ver en su mente la cualidad exacta que necesitan. Como ayuda pueden adquirir un trozo de tela de raso de color verde esmeralda y usarla para concentrarse cuando quieran visualizar. Pon la tela en tu altar o enfrente de ti sobre una mesa para que al rezar puedas visualizar una nube de color verde brillante envolviendo tu vida.

### Tesoros de luz

Fortuna, Diosa de la Provisión,
desde la riqueza de Dios en el cielo,
libera todos los tesoros del sol
y ahora inviste en todos aquellos

cuyos corazones con la luz divina laten,
el poder de atraer desde el reino celestial
la abundancia de Dios para expandir el plan
que tienen los maestros para cada hombre.

Armoniza aquí nuestra conciencia contigo,
expande la visión para que ahora veamos
que la opulencia es posible para todos aquellos
que se vuelven hacia Dios y hacen el llamado.

Ahora ordenamos, ahora exigimos
abundante maná desde la mano de Dios,
para que ahora abajo, así como arriba,
la humanidad exprese el amor divino.

Quiero cerciorarme de que cuando hablo de Fortuna, Diosa de la Provisión, comprendas que hablo de un ser de gran luz y logro, no de los antiguos dioses y diosas paganos. Los términos «Dios» y «Diosa» son títulos que podemos conseguir y que Dios otorga. Todos tenemos una llama Divina dentro de nuestro corazón, pero no todos hemos expandido esa llama hasta el punto de precipitar lo suficiente de la conciencia de Dios que permita que se nos llame Dios. Los seres cósmicos que se han ganado el título de Dios o Diosa han alcanzado un nivel que les permite vivir en su Autoconciencia Divina.

Fortuna nos ha impartido enseñanzas excelentes —que le dictó a la mensajera Elizabeth Clare Prophet— sobre la fuente de nuestra provisión:

«La provisión les llega a quienes tienen un corazón de oro, y ese corazón es el corazón del amor hacia todos los seres vivos. Cuando los seres humanos aman la vida, la fuente de la provisión brota en su interior —en forma de vida, luz y amor—como manantial de belleza. La humanidad tiene conciencia de pobreza porque ha sido egoísta y no ha sentido amor por las criaturas que le rodean. Aquéllos que aman al Espíritu son ricos en Espíritu y tienen riqueza tanto de Espíritu como en las cosas físicas, pues el amor es el cumplimento de la ley de la provisión.

»El foco de la provisión es científico, tan científico como lo es el universo en su totalidad. Si deseas, pues, tener provisión, decide primero cuál va a ser en tu vida el objetivo o propósito de esa provisión. ¿Qué deseas lograr para gloria de Dios? ¿A qué propósito prometes dedicar las ofrendas que te brinden las huestes angélicas? ¿Le has entregado tu vida al Cristo, a la curación de toda la humanidad, a la elevación de los elementales*? Si no lo has hecho, entonces no te sorprendas de que el flujo de la provisión no te llegue en respuesta a tu llamado, pues toda la vida responderá al llamado del hijo o hija de Dios que haya dicho con la cabeza en alto: "Estoy decidido a acatar la voluntad de Dios y, con amor, a cumplir con los fíats de la creación para con mi prójimo".

»Hasta el día en que Dios unja tu valiosa corriente de vida como precipitador y alquimista divino, recuerda lo siguiente: puedes invocarnos a aquéllos de nosotros que hemos ascendido y pedir que te entreguemos provisión para cumplir con los propósitos del reino de Dios en la Tierra. De este modo, incluso estando aún en estado imperfecto, puedes manifestar la plenitud de la gloria de la alquimia divina* simplemente con el poder de la fe. Porque la fe es la "garantía de lo que se espera; la prueba de las realidades que no se ven".»[17]

Tenemos un mantra para obtener provisión, el cual, si lo deseas, puedes recitar en voz alta. Mientras lo haces, puedes visualizar una cascada de monedas de oro cayendo a tu alrededor. Visualiza que recibes lo que has estado pidiendo: un nuevo trabajo más seguro, más armonía en el hogar, salud, felicidad; todo esto es posible sólo con que lo pidas y creas que lo vas a recibir. Sin embargo, en el caso de la precipitación divina, deberías pedir que tus peticiones sean aceptables a los ojos de la voluntad de Dios.

Recita esta afirmación tres veces, treinta y tres veces, o hasta que sientas alivio. Si de veras quieres cambiar las condiciones de tu vida, puedes memorizar este mantra y dejar que, en los momentos de ocio, cante en tu mente una y otra vez durante todo el día.

### Provisión

Libre YO SOY de duda y temor,
desechando la miseria y toda la pobreza,
sabiendo ahora que la buena provisión
proviene de los reinos celestiales del Señor.

YO SOY la mano de la Fortuna de Dios
derramando sobre el mundo los tesoros de la luz,
recibiendo ahora la abundancia plena
las necesidades de mi vida quedan satisfechas[1].

(recítese tres veces)

Cuando decimos «YO SOY...» en nuestros decretos y mantras, lo que en realidad estamos diciendo es «Dios en mí es...». Al recitar este decreto, visualiza cómo la llama violeta

---

[1] Si lo deseas, puedes invocar a tu Presencia Divina y a tu Yo Crístico mientras repites este mantra para atraer su luz a tu mundo.

baña y limpia tu aura. Visualiza cómo sus llamas disuelven hasta el último vestigio de miedo y duda que te esté alejando de los tesoros que Dios quiere darte. Y entonces reclama tu derecho a tener la abundancia que satisfará todas tus necesidades.

Ciclopea*, el Elohim del quinto rayo, nos ha dado otra excelente visualización para atraer la provisión. Nos sugiere que pongamos un cáliz de cristal sobre un pedazo de raso o terciopelo verde como foco de nuestra fe, y él llenará ese cáliz. Incluso nos dijo que no tiene por qué ser un lujoso cáliz de cristal, hasta una azucarera sirve. Al invocar la llama de la precipitación todos los días, creyendo de verdad y aceptando con fe que la provisión se está manifestando en nuestro mundo, estamos pidiendo al almacén universal divino de cosas buenas. «Ponedme así a prueba, dice Yahveh Sebaot, a ver si no abro las esclusas del cielo y no vacío sobre vosotros la bendición hasta que ya no quede.»[18]

### Meditación sobre la vida abundante

Vida abundante: vida natural,
la vida del sol y del viento,
del mar, la tierra y el firmamento,
de vitalidad en movimiento.
Dios le habla al hombre a través de la naturaleza,
le habla con palabras y canciones,
le habla también con inspiraciones,
le habla el día entero sin parar.

La inspiración no tiene fin,
es el estallido de la chispa.
Interminable es la consagración,
su luz en la oscuridad asciende.
YO SOY la llama de la resurrección
que a cada hora eleva la conciencia.

Para ser un Dios (y no un patán)
la verdadera fe deben todos expandir;
caminar por el sendero que nosotros hemos
hollado
es lo que el Espíritu exige.
Vengo a dar la vida abundante:
el tesoro de tu corazón
es cuando el hombre cesa su lucha
y en la oración se eleva a Dios.

*Jesús*

# 3

# *Fe en Dios*
# *y*
# *fe en uno mismo*

La verdadera fe es fe en Dios y fe en la vida abundante, saber que tienes un Padre y una Madre que te aman y que, si guardas sus mandamientos, ellos proveerán. Mark Prophet dice que uno de los grandes secretos de la prosperidad es dirigir tus pensamientos hacia Dios y los maestros y hacia una fuente inagotable de provisión. Aprende a sentir que, necesites lo que necesites, lo recibirás.

El Arcángel Miguel*, el gran arcángel* del rayo azul, es un ser cósmico de gran poder y amor que, con su divina arcangelina Fe, tiene a su cargo legiones y legiones de ángeles de la llama azul. Nos ha dicho que, hace eones, él mismo pasó por las mismas pruebas que nosotros experimentamos hoy. Habiéndolas pasado con éxito, ahora puede ayudarnos en nuestras tribulaciones.

Él comparte momentos de su vida para darnos ánimo: «Pues también yo caminé por la Materia* y también yo fui ante el fuego del Dios Todopoderoso: los fuegos de la prueba, de la iniciación, de la tentación. Y, por lo tanto, sé lo reales que pueden llegar a parecer esas fuerzas. De modo que estaré presente para defender tu fe en la hora de las pruebas. Defenderé tu confianza en la voluntad de Dios»[1].

### ¿Qué es la fe?

Miguel nos dice que el sentido práctico es un elemento de la fe. Recuerda las siguientes palabras: «La fe es garantía de lo que se espera; la prueba de las realidades que no se ven»[2]. Dice Miguel: «Así que la fe es una garantía. La fe es tu reserva. La fe es la carga de reserva de la batería, la comida almacenada, el terreno asegurado, el granero que se construye o el refugio atómico que está listo para ser usado.

»La fe es un automóvil que funciona y que no va a detenerse cuando necesites con urgencia llegar a algún lugar. La fe es la organización de tu hogar, tu mente, tu cuerpo. Es la extrema observancia de todos los detalles para que el cuerpo físico rinda al máximo.»

El Arcángel Miguel continúa su enseñanza sobre la fe. «Por lo tanto, acertadamente está escrito: "Sin fe es imposible agradarle [a Dios]"[3]. Y si a veces te preguntas: "¿Cómo es que parece que no agrado a Dios?", deberías examinar cuán grande es tu fe.

»La fe es un poder victorioso. Si carne y hueso no pueden heredar el reino de Dios, entonces, con fe, camina en la luz de tu Yo eterno y conviértete en ese Yo. Ten confianza, como la tuve yo antes, mucho antes, de convertirme en un arcángel. Ten la confianza de que puedes pasar de vivir sometido a la ley de la mortalidad —como les sucede a los que evolucionan en esta Tierra— a vivir sujeto a la ley del Ser Infinito.

»La fe es la esencia del sellado de la protección», nos enseña Miguel. Por consiguiente, nos dice que cuando invocamos a los arcángeles, ellos nos envían fe. «Ahora puedes entender por qué hay gente que sufre calamidades horribles. Se debe a que no han tenido una pizca de fe, sino que se han dejado dominar por el miedo; y nuestras legiones no han podido mantener la protección necesaria en su nivel de conciencia en la octava física.

»Algunos individuos, gracias a una voluntad extraordinaria, sobreviven a circunstancias ante las cuales otros se dan por vencidos; desgarradoras experiencias en la que ciertas personas casi se ahogan o casi mueren congeladas: algunas escapan, otras no.

»Así, por el poder de tu creencia, la fe te ayudará a salir de cualquier apuro. La fe es un *moméntum* de cada célula del cuerpo. Cuando tienes esa fe, tu conciencia y tu hogar lo reflejan. Estás preparado para cualquier contingencia o emergencia porque tu fe es una acción práctica.»[4]

El Morya dice: «Tu espiritualidad se refleja en tu sentido práctico».

Me gustaría contarte una anécdota personal sobre el tema de la fe. Conocí a un joven que estuvo en la guerra de Vietnam. Me contó que acababa de terminar sus devociones matinales —que incluían invocar al Arcángel Miguel pidiéndole protección, así como la invocación de su tubo de luz[*]— cuando, sin darse cuenta, él y dos amigos pisaron una mina terrestre. Los dos soldados, cada uno a un lado de este joven, murieron al instante, pero él salió ileso de la explosión. Ése es el poder de la fe y de estar en sintonía con Dios.

Por supuesto, también cuenta el elemento del karma en situaciones de vida o muerte.

Amado Miguel, arcángel de la fe,
sella mi vida con tu protección;
que día a día aumente mi fe,
lo único real en la vida es Dios.

Avanza ante mí, querido Miguel,
adoro y aprecio tu escudo de fe;
llama viviente, armadura de luz,
acción manifiesta en el nombre de Dios.

Príncipe de luz, San Miguel, San Miguel
hermoso y brillante ángel de la fe:
tu protección sella a mi alrededor,
que la fe del cielo cure todo error.

## Miedo y duda

El Arcángel Miguel tiene instrucciones adicionales acerca de la fe, pero primero exploremos por qué tantas personas parecen manifestar en su vida exactamente lo opuesto de la fe: el miedo y la duda. La fe es una de las cualidades divinas más contagiosas. Si pudiéramos confiar plenamente en Sus promesas en lugar de enredarnos en miedos y dudas, nuestras vidas serían mucho más fáciles y nosotros seríamos mucho más felices.

Sin embargo, aunque pueda parecer sencillo mantener una actitud positiva la mayor parte del tiempo, cuando intentamos practicar esta regla de la alquimia nos sucede justo lo contrario. Saint Germain reconoce este hecho cuando dice que la ansiedad es el mayor obstáculo para precipitar la provisión o practicar la alquimia. Y añade que, no obstante, el concepto de alquimista es la conciencia de la abundancia, el concepto de que todo es posible.

Puede que tengamos el concepto de lo que deseamos precipitar. Decretamos al respecto, lo visualizamos, y sabemos que es una buena idea, que es idea de Dios. Estamos seguros de que procede de Su corazón, todo está bien. Y entonces aparece la ansiedad, se introducen el miedo y la duda sin que siquiera nos demos cuenta.

Nos encontramos con que tenemos ansiedades que yacen bajo de la superficie de nuestra conciencia: afectan a la manifestación alquímica e impiden que se haga realidad. Nos impiden disfrutar de la vida abundante que sabemos existe, en algún lugar.

Muchos creemos que no somos personas propensas al miedo, pero por debajo de nuestra percepción consciente acechan miedos subconscientes. En encarnaciones pasadas vivimos en épocas de oscuridad en las que, a diferencia del presente, los maestros ascendidos no tenían permitido enseñarnos. Así, los miedos, las dudas y la superstición se acumularon en nuestro subconsciente, como capas de sedimentos rocosos.

Puede que estos miedos sólo aparezcan en nuestra percepción consciente cuando sucede algo que nos inquieta o nos pone en peligro: un accidente, la amenaza de un cataclismo o de una bomba atómica, el desastre económico, peligro para un familiar. Entonces comienzan a surgir desde nuestro interior sentimientos de incertidumbre e inseguridad que ni sabíamos que existían, pero ahí están.

Estos registros, que proceden de vidas pasadas, pueden surgir para que los transmutemos, de una vez por todas, y tengamos la libertad de intentar lograr nuestros objetivos en esta vida. Una de las mejores formas de controlar nuestros pensamientos es repetir una y otra vez afirmaciones positivas de prosperidad.

Si lo deseas, puedes hacer una lista con tus propias afirmaciones de prosperidad. Yo lo hice cuando mi esposo y yo éramos dueños de un estudio fotográfico. Llené un pequeño cuaderno de bolsillo de todas las afirmaciones de prosperidad que pude encontrar. La Unity School of Christianity utiliza muchas afirmaciones. También encontré muchas en la Biblia y en los decretos YO SOY de las publicaciones de The Summit Lighthouse*. Todos los días repetía esas declaraciones de prosperidad y sentía que caían a mis manos monedas de oro. Hice esto durante varios meses para precipitar la abundancia que estaba pidiendo en mis oraciones.

YO SOY es el nombre de Dios que Él mismo le dio a Moisés cuando, hablando desde la zarza que ardía sin consumirse, le reveló Su nombre, YO SOY EL QUE YO SOY[5]. Cuando dices en tus decretos las palabras «YO SOY...», lo que estás diciendo es: «Dios en mí es...»

Solemos anteponer a nuestras afirmaciones YO SOY el siguiente preámbulo: «En el nombre de mi Presencia YO SOY y Yo Crístico». Te insto a que pongas a prueba este método de presentar peticiones ante Dios y de atraer hacia ti Su abundancia. No hay duda de que a mí me funcionó, y sé que también te funcionará a ti. Puedes ampliar esta lista e incluir en ella plegarias propias de tu religión. Repite cada oración tantas veces como desees. Después, termina con una expresión de agradecimiento a Dios que indique que aceptas Su regalo *en este mismo momento*.

### *Afirmaciones YO SOY para la prosperidad*

YO SOY, YO SOY, YO SOY la resurrección y la vida de mis finanzas *(recítese 3 veces)* que se manifiesta ahora en mis manos para mi uso en este día.

YO SOY la satisfacción de todas mis necesidades y requisitos del momento.

YO SOY quien reivindica la victoria ahora: victoria en mis finanzas, victoria en mi salud, victoria sobre mis emociones, victoria en todos los aspectos de mi vida.

YO SOY quien acepta la promesa de Jesús: «Todo cuanto pidáis con fe en la oración, lo recibiréis»[6].

YO SOY quien decreta aquí y ahora el fin de toda carencia que se haya manifestado en mis finanzas o en mi salud.

YO SOY quien busca primero el reino de Dios y Su justicia, sabiendo con fe absoluta que todo lo demás me será dado por añadidura. En verdad creo que mi Padre celestial sabe todo lo que necesito y que me lo proveerá.

YO SOY la victoria de mi abundancia divina ahora, y exijo aquí y ahora el fin de todas las apariencias de carencia que se hayan manifestado alguna vez en mi mundo. Desde hoy en adelante, camino victorioso en la luz; por lo tanto, ¡ayúdame, oh, Dios! ¡YO SOY Victoria! ¡YO SOY Victoria! ¡YO SOY Victoria!

YO SOY la Presencia que impone la paz y destierra toda ansiedad, todo miedo, toda duda, todo interrogatorio humano sobre mi capacidad de precipitar la ilimitada abundancia de Dios en mi mundo ahora.

YO SOY el poder de Dios que se manifiesta en mi mundo, asumiendo el control total de mi vida y desterrando para siempre todos los sentimientos de inseguridad, inferioridad, y falta de autoestima.

*Invoco la ley del perdón por todos mis abusos de la energía de Dios y de su vida abundante causados en el pasado, ¡y marcho hoy victorioso en la luz!*

*Demuestro la ley del diezmo al honrar al Señor con mis bienes y con los primeros frutos de mi ganancia[7].*

¿Será posible que hayamos vivido tanto tiempo con la sensación de carencia y con la conciencia de pobreza, hasta el punto de que la *negatividad* se haya convertido en una costumbre en nuestra vida? Mark Prophet nos dijo que la forma de eliminar un hábito indeseable es substituirlo con otro. No intentes simplemente cambiar tus hábitos: deshazte de ellos y pon en su lugar hábitos positivos.

La causa del miedo es ignorar la realidad y evadir la acción. El miedo produce dilación y El Morya dice: «La dilación es una enfermedad que significa la muerte del chela*». También puede destruir nuestras esperanzas de precipitar. Una de las cosas más importantes que podemos hacer es enfrentarnos y lidiar con nuestros miedos en cuanto se presentan.

El Arcángel Miguel nos da unas palabras de aliento y nos vuelve a ofrecer su ayuda: «Muchos todavía están poseídos por el miedo, miedo a soltar la seguridad de aferrarse. Llega un momento en que no puedes agarrarte a nadie, en el que debes caminar por tus propios medios de locomoción, tu propio equilibrio, tu propia capacidad.

»No hay nadie que te sujete la mano cuando pronuncias tu primer discurso. No puedes aferrarte al atril. No hay nadie cuando tienes que ir a cumplir con tu deber y con tu tarea, tal como se te ha enseñado. El día del vuelo a solas llega en todas las profesiones, en todos los campos y en todas las disciplinas.

»Tú eres el disciplinado; se te está educando para que te conviertas en un maestro ascendido de la Gran Hermandad Blanca[1]. Y para poder lograrlo, un día tomarás la siguiente decisión: "Ésta es la hora de mi ascensión. Ascenderé". Y lo harás a solas. Dios en ti y tú en Dios.»[8]

La referencia del Arcángel Miguel al miedo que muchos experimentamos a la hora de hablar en público se aplica por igual al momento en que decidimos afrentar y superar el sentido de limitación que nos está manteniendo alejados de nuestra verdadera abundancia, una abundancia que Dios nos da.

Toma la decisión, afirma tu derecho como hijo o hija de Dios, y entonces desafía a la oposición cuando ésta se presente; ya que se presentará. ¡Y después marcha hacia la victoria!

### ¡Adelante, valor!

*¡Adelante, valor!*
*Luego no culpes al Bardo*
*cuando el viento y la tempestad*
*recorran la cubierta y doblen las velas,*
*pues la nave avanzará*
*y a puerto llegará si el valor es fuerte*
*y se mantiene la voluntad.*

*El Morya*

La fe, nos dice Mark Prophet, se desarrolla por impulsos. «Capa tras capa tras capa, crecen y crecen las gigantescas

---

[1] La palabra «blanca» no se refiere a raza alguna sino al aura de luz blanca, al halo que rodea a estos inmortales.

secuoyas. Con los ciclos de los años y el paso del tiempo, todos podemos controlar los sucesos y las circunstancias y llegar a ser sublimes. ¡Hagámoslo, pues!»[9]

### La prosperidad surge del interior

Uno de los conceptos más importantes que debemos comprender es que la prosperidad surge de dentro, que no proviene del exterior. La verdadera prosperidad no está gobernada por ciclos de recesión ni por fluctuaciones del mercado de valores. Tuve la oportunidad de poner a prueba mis creencias en la ley de la abundancia cuando la recesión del año 1958 comenzó a afectar los ingresos de nuestro negocio. Comprendí que no debía sucumbir ante la inquietud, aunque las cuentas no cuadraran a fin de mes. Pero como era bastante neófita en el estudio de las finanzas, tampoco sabía qué hacer exactamente.

Para empezar, volví a leer todos los libros sobre prosperidad que encontré e hice todo lo posible por albergar sólo pensamientos positivos, por muy oscuros que parecieran los hechos. Ya he referido que para ello me confeccioné un libro de prosperidad con afirmaciones YO SOY que leía todos los días. Finalmente pude controlar los miedos que surgían en mi mente y, por la gracia de Dios, ¡el año 1958 resultó ser el mejor que habíamos tenido hasta la fecha! Llegué a creer de verdad —ya que me lo había demostrado a mí misma— que lo que nos hace prosperar es la conciencia de abundancia, no lo que suceda fuera de nosotros.

### Preocupación

En 1966, Mark Prophet dio una conferencia titulada «Secretos de prosperidad». ¡Cómo me hubiera gustado haber sabido de The Summit Lighthouse cuando tuve que pasar por mis pruebas de la ley de la prosperidad en mi vida profesional y personal! Ojalá hubiera escuchado durante la recesión de 1958 las palabras de Mark sobre la «preocupación».

Dijo: «Creo que ustedes, todos ustedes, deberían desarrollar la fe en que Dios se ocupará de sus necesidades, no importa cuáles sean. Creo que es un terrible pecado que alguien de esta audiencia o cualquier persona del mundo se preocupe por su futuro, porque la mejor manera de bloquear la provisión de bienes a nuestro mundo es inquietarse.

»La preocupación lo desconecta a uno. En el momento en que uno comienza a preocuparse, se sintoniza con millones de personas que están haciendo lo mismo. Y, sin que se den cuenta, los pensamientos de esas personas entrarán en el subconsciente de ustedes, como atraídos por un imán. Antes de que se den cuenta, estarán descendiendo cada vez más y más hacia abajo, todo por los pensamientos que tuvieron.

»Uno de los más grandes secretos de la prosperidad es sintonizarse con buenos pensamientos a fuerza de tener los pensamientos correctos. Dirijan sus pensamientos a Dios y a los maestros y a la sensación de tener una provisión inagotable. Aprendan a sentir que necesiten lo que necesiten, lo recibirán.»[10]

### Deja que Dios sea el hacedor

Quisiera dar testimonio de otro suceso de mi vida con el que Dios me enseñó la ley de la abundancia. Era la víspera del día de Navidad y todavía no habíamos alcanzado el nivel de ventas fotográficas que yo había proyectado para la temporada. Habíamos tenido una cantidad satisfactoria de clientes, pero todos parecían querer que les anotáramos la compra en su cuenta en lugar de pagar en efectivo, como solían hacer. (Esto era antes de las tarjetas de crédito. Todo el mundo esa Navidad quería pagar más tarde.) Yo, por supuesto, tenía que pagar a los proveedores en efectivo, y ello estaba provocando grandes problemas de liquidez.

Conté todos los pedidos que todavía estaban por entregar y me di cuenta de que aunque todos esos clientes pagaran en efectivo, no había forma de cubrir gastos. Había un amplio grupo de clientes que siempre pagaba a posteriori, pero ya había telefoneado a todos los que nos debían algo y todos me habían dado alguna excusa.

Cuando volví a hacer cuentas, comprendí que esas Navidades quedaríamos en deuda, y normalmente las ventas en esa época eran nuestra principal fuente de ingresos. Enero siempre era un mes de poco movimiento. Me puse a llorar con tanta intensidad que supe que no podía continuar hasta que controlara mis emociones. Puse un cartel en la puerta diciendo que regresaría en quince minutos y salí a pasear, llorando tanto que casi no podía distinguir la acera.

El aire fresco me calmó hasta el punto de comprender que Dios siempre me había cuidado hasta entonces y que, de alguna manera, me iba a ayudar a superar esta crisis. Me puse a repetir todos los versículos bíblicos que era capaz de recordar. Cuando regresé, vi una multitud de clientes esperándome en la entrada de la tienda. Alguien dijo: «Pasaba por aquí y me acordé que le debía dinero. Creo que se me había olvidado, pero aquí tiene su cheque. Feliz Navidad».

Varias mujeres habían venido a preguntarme si todavía tenía el cuadro de su hija vestida de novia o de su bebé, cuadros que había intentado venderles durante meses. En realidad, me había dado por vencida y los había guardado en el sótano. En unos cuantos minutos liquidé todos los cuadros que había desistido de vender. Al poco rato, en menos de una hora, recibí miles de dólares; suficiente dinero para cubrir los gastos de un mes que había parecido tan poco prometedor.

Al mirar en retrospectiva este aparente milagro, comprendí que había usado una de las leyes de la prosperidad en la que nunca antes había pensado. Era la oración de la renuncia, que enseña Catherine Marshall. En lo más oscuro de mi desesperación había dicho —me temo que con bastante rebeldía—: «De acuerdo, Dios. Aquí tienes mi talonario de cheques. No alcanza a cubrir los gastos: hay demasiadas facturas y poco efectivo. Te lo doy. Tómalo. Te entrego todo mi negocio. A ver qué puedes hacer. Yo no puedo hacer nada». Luego, me fui a dar un paseo.

Se me había olvidado temporalmente que Dios —no yo— es el hacedor. Cuando nos ocupamos nosotros de las cosas, pensando que el resultado ha de ser fruto de nuestros esfuerzos, a menudo nos complicamos la vida. Desde aquel momento, nunca he olvidado que Dios es el hacedor en mi vida. Ahora, con Catalina de Siena, puedo decir: «Tú, el todo; yo, la nada». También comprendo por qué tantas personas no experimentan la vida abundante que Dios desea para nosotros.

*Nunca supe de noche tan oscura*
*que la luz no llegara rezagada.*
*Nunca supe de tormenta tan gris*

*que no tuviera día claro.*
*Nunca supe de desesperanza tan fría*
*que no tuviera fisura alguna.*
*Nunca supe de hora tan aburrida*
*que el amor no pudiera colmar de dicha.*

*J. K. Bangs*

## Constancia

Antes de terminar el estudio de las razones por las que quizá no estemos alcanzando nuestros deseos, hemos de hablar de otro aspecto. Me refiero a la constancia: perseverancia, nunca detenerse.

Fortuna nos dice: «El cuerpo causal\* del hombre es la mansión del corazón de Dios; es la morada, el templo del Altísimo. Y encerrados en ese cuerpo causal están los patrones y la grandiosa manifestación de energía que allí han almacenado las obras nobles y el servicio. Dentro de este tesoro, esta reserva de oro y poder, está todo lo que necesitas o quieres para llevar a efecto el plan que Dios tiene para ti; porque Él te ha dado la manera de cumplir con ese plan.

»Cuando te alejaste del corazón de Dios, en el cielo se abrió una cuenta bancaria a tu nombre: con todo lo que necesitabas para realizar el propósito de tu vida, para cumplir con la sinfonía divina de la vida, la excelsa armonía del universo. Así pues, ¿por qué los hombres dan vueltas, avanzan penosamente y se preocupan acerca de cómo se van a vestir, qué van a comer y beber? Mucho más importante es invocar la gran sustancia de luz que ya les pertenece y a la que pueden dar órdenes en el nombre de la poderosa Presencia YO SOY.

»El cielo —continúa— está a la espera de concederte cada bocado, cada alimento que necesites. Pero, ¿con cuánta frecuencia en momentos de crisis te tomas un momento para calmar las aguas, las olas de las emociones, las olas del miedo y la duda y decirle al Padre: "Aquí estoy, oh, Señor. Concédeme a mí, tu humilde siervo, que queden satisfechas todas las necesidades de esta hora de servicio, porque en Tus manos pongo mi vida. Dame, pues, todo lo que necesite para glorificar el reino de Dios y para que todos los hombres de la Tierra conozcan Tu nombre".

»Incluso vemos que quienes llevan mucho tiempo siendo estudiantes de la luz se preocupan y atormentan cuando las cosas no salen como ellos quieren. Hacen un llamado, se lanzan al mar encrespado del miedo, y dicen: "¿Lo ves?, no funciona". No siempre tienen en cuenta que la llama de la provisión es también la llama de la constancia, de la consagración a la sagrada voluntad de Dios. Si deseas tener la abundancia de Dios, primero tienes que desarrollar la cualidad de la perseverancia: perseverar cuando toda indicación de los sentidos te diga que no hay esperanza; invocar la potente llama de la esperanza y seguir haciendo ese llamado.»[11]

Saint Germain dice lo mismo de otra forma; es más, de una forma bastante cómica. Dice que muchas personas dejan de pedir justo antes de que el cielo les conceda sus peticiones. ¡Si pudieras ver las casas, automóviles, trabajos, joyas —todo tipo de deseos ardientes pedidos en oración— que están esperando, como en un depósito de almacenaje, en el reino etérico! Y, sin embargo, Saint Germain no puede entregarlos porque las almas han dejado de pedirlos.

Uno se puede imaginar todas esas sinceras peticiones acumulándose en el cielo, esperando que alguien las reciba.

Las personas han dejado de rezar justo antes del momento en que el objeto de sus deseos se precipitara a lo físico.

Jesús nos aconsejó que oráramos sin cesar[12]. Es necesario porque hemos acumulado en nuestra mente subconsciente y en la inconsciente registros pasados de penuria que no se pueden limpiar de inmediato; de modo que no siempre es posible precipitar algo de forma instantánea. Antes de poder entrar en la conciencia de la abundancia, tenemos que transmutar nuestra conciencia de pobreza con oraciones a la llama violeta.

### Más fuego violeta

Amada Presencia YO SOY en mí,
escucha ahora mi decreto:
haz realidad la bendición por la que invoco
al Cristo de todos sin excepción.

Que la llama violeta de la libertad
ruede por el mundo para a todos sanar;
satura la Tierra y a todos sus seres,
con el brillo del Cristo de intenso fulgor.

YO SOY esta acción desde Dios en lo alto,
sostenida por la mano del amor del cielo,
transmutando las causas de discordia aquí,
eliminando todo núcleo para que nadie tenga miedo.

YO SOY, YO SOY, YO SOY
todo el poder del amor de la libertad
elevando a la Tierra hacia el cielo en lo alto.

Fuego violeta, ardiente resplandor,
en tu viva belleza está la luz de Dios

que hace que el mundo, toda vida y yo mismo
seamos libres eternamente
en la perfección de los maestros ascendidos.
¡Omnipotente YO SOY! ¡Omnipotente YO SOY!
¡Omnipotente YO SOY!

### La promesa del Arcángel Miguel

El Arcángel Miguel hace con nosotros un pacto maravilloso: «Dame tus dudas, tus miedos, tus preguntas, y yo te doy mi fe». Algunas veces lo único necesario para superar con éxito una difícil prueba es saber que tenemos amigos de luz que nos apoyan y que rezan pidiendo que salgamos victoriosos. Sin embargo, cuando un arcángel ofrece su fe a los hombres, es nuestra responsabilidad aceptar ese regalo, invocar su llama y su intercesión, y hacer de esa ofrenda parte integrante de nuestra vida. El Arcángel Miguel nos dice: «Cuando uno puede ver, ¿para qué hace falta la fe? No soy yo quien necesita la fe —salvo para poder dársela a otros—; eres tú quien precisa de ella»[13].

Como ayuda para poder librarnos de los enredos astrales, el Arcángel Miguel ha creado una espada de llama azul hecha de pura substancia de luz. Él y sus ángeles de la liberación trabajan las veinticuatro horas del día en el plano astral rescatando a las almas de lo que ellas mismas han creado, que se ha acumulado a lo largo de los siglos. Allí han servido durante incontables eras, y Miguel nos dice que está decidido a nunca darse por vencido hasta que el último hijo de la luz de este planeta haya regresado a su origen divino en el ritual de la ascensión. Como Defensor de la Fe de todos los hombres, mujeres y niños del planeta, él nos puede nombrar sus emisarios, si aceptamos el encargo.

Puedes visualizar su hermosa espada de llama azul con el color azul eléctrico como el de la llama azul del fuego de gas. Sujeta la espada con la mano derecha. Esgrímela todos los días mientras recitas decretos dinámicos para que te libere de todo lo que te ata y te aleja de la victoria. A continuación, multiplica al máximo tus decretos incluyendo en ellos peticiones para la libertad de todos los habitantes del planeta e incluso la salvación del planeta.

La fe no es algo que se pueda transmitir de una generación a otra; no se puede otorgar con el bautismo; no se puede adquirir al recibir la Sagrada Comunión. Para que la fe florezca, debe ser plantada en el terreno de la gratitud. En el salmo 35 leemos: «Exulten y den gritos de júbilo los que en mi justicia se complacen, y digan sin cesar: "¡Grande es Yahveh, que en la paz de su siervo se complace!" Y tu justicia musitará mi lengua, todo el día tu alabanza»[14].

### Supera el miedo: no te quedes quieto

Ray-O-Light, otro maestro ascendido, nos da la clave que nos permite superar el miedo: «Ésta es la clave, pues, para superar el miedo que pone rígido hasta a un cadáver; el miedo que entumece el flujo de la vida, el miedo que es, al final, la muerte de la autoconciencia: la clave es *¡no quedarse quieto!*

»Cuando te encuentras en medio de una nevada o de fuerte ventisca, no te acurrucas a un lado del camino, pues instintivamente sabes que si lo haces, morirás congelado. *Sigues avanzando.* Ésta es la clave para superar todos los miedos. *¡No te quedes quieto!* ¡Mantente activo! Atraviesa los elementos. ¡Atraviesa el espejismo del miedo! Rásgalo con tu espada y descubre la isla en el sol, el lugar de la luz, el jardín del Edén.»[15]

¡Qué verdad tan grande!

### La fe para vencer el miedo

El Arcángel Miguel pregunta: «¿Por qué no compruebas por ti mismo —aunque sea sólo con el propósito de experimentar— cuán diferentes pueden ser las cosas cuando se tiene fe? Puede que parezca que la fe es un ingrediente del cual no dependen más que los niños y los ingenuos, pero no es difícil ni siquiera para un científico descubrir que posee un carácter tangible propio.

»La fe hará que, maravillados, los ojos interiores se abran; te revelará tu fortaleza interna. Te mostrará aspectos de tu ser que jamás soñaste, y te enseñará a entrar en contacto con el potencial que está encerrado en esos aspectos del ser y a hacerlo realidad. La ciencia es servidora de la automaestría personal y planetaria, y la fe es la puerta abierta que conduce al descubrimiento científico que nadie puede cerrar.

»La fe es el puente que la conciencia ha de construir antes de poder cruzar el abismo que separa lo finito de lo Infinito. Una vez cruzado, el puente ya no es necesario, y olvidamos el arduo viaje ante la dicha del descubrimiento y la bienvenida de la Realidad. Por consiguiente, es necesario darle una oportunidad a la fe, aunque al principio la motivación sea egoísta. Tú tienes que abrir la puerta. Tú tienes que construir el puente. Tú tienes que creer, aunque sea por un momento, para así llenarte de gracia y del gran potencial cósmico de la vida, que es lo que verdaderamente eres.»[16]

> *La fe es el poder que hace realidad tus sueños.*
> *La fe es la voluntad de ser y de hacer.*
> *La fe es la acción de la Palabra sagrada.*
> *La fe es la voz de Dios que yo escuché.*

*Arcángel Miguel*

### Meditación para liberarse de toda escasez

David, el pastor que se convirtió en gran rey de Israel, nos dio este salmo que expresa la fe en que Dios siempre le iba a cuidar.

Deseo que las hermosas cadencias poéticas de estas palabras también le brinden paz a tu alma mientras meditas en que «Dios es mi pastor, nada me falta».

### Salmo 23

Yahveh es mi pastor, nada me falta.
Por prados de fresca hierba me apacienta.

Hacia las aguas de reposo me conduce,
y conforta mi alma;
Me guía por senderos de justicia,
en gracia de su nombre.

Aunque pase por valle tenebroso,
ningún mal temeré, porque tú vas conmigo;
tu vara y tu cayado, ellos me sosiegan.

Tú preparas ante mí una mesa
frente a mis adversarios;
Unges con óleo mi cabeza,
rebosante está mi copa.

Sí, dicha y gracia me acompañarán
todos los días de mi vida;
mi morada será la casa de Yahveh
a lo largo de los días.

*Imagen 1. Gráfica de tu Yo Divino*

# 4

# *Integridad*

*Tu fe te ha salvado.*

Jesús, Marcos 10:52

Si queremos manifestar la ciencia de la abundancia, el conocimiento de las artes curativas o cualquier aspecto del rayo verde, debemos tratar de alcanzar la plenitud. Pues Hilarión nos dice que la curación es la integración del hombre en su totalidad.

Si consideramos que la vida es una misión, comenzamos a comprender que cada uno de nosotros tiene algo que hacer en esta vida, algo único y específico, algo que sólo nosotros podemos hacer. Las manos de Dios son las nuestras, Su mente es la nuestra; lo único que tenemos que hacer es aceptar este regalo y ponerlo en práctica en nuestra vida.

Al saturar nuestra mente con este concepto, nos adentramos en el sendero que lleva a la automaestría. Si verdaderamente creemos que las manos y la mente de Dios son las nuestras, entonces no podemos seguir albergando pensamientos de falta de autoestima, de inseguridad, de autocondenación y de otros aspectos negativos. Y si aceptamos que fuimos colocados en este mundo con el fin de realizar una misión concreta para Cristo, esto nos da el propósito que hasta ahora nos faltaba.

### «¡He aquí que vengo a hacer, oh Dios, Tu voluntad!»

Mark Prophet enseñaba que, cuando encarnan, todas las almas hacen la misma promesa que hizo Jesús: «¡He aquí que vengo a hacer, oh Dios, Tu voluntad!»[1] La pregunta, pues, que hemos de hacernos es: «¿Cómo estoy cumpliendo con esto? ¿Me paso el tiempo sintiendo lástima de mí mismo o estoy activo en la obra de mi Padre? ¿Estoy saldando mi karma personal lo más rápidamente posible para poder ayudar a aliviar el karma planetario?»

Se nos ha dicho que hay más de tres mil millones de almas sin encarnar, esperando en los portales del nacimiento, suplicando por un cuerpo. A la luz de esta información, deberíamos estar agradecidos por el cuerpo que hemos recibido y por la oportunidad de vivir. Y, sin embargo, la vida está incompleta sin una visión de la meta.

### Nuestro destino ígneo

Dios concibió nuestras almas en la integridad de Su imagen y semejanza. Ahora tenemos que reivindicar esa integridad en todos los niveles de nuestro ser. Responde a la pregunta que te formula el maestro sanador de nuestra vida: «¿Quieres curarte?»[2] Nuestro destino ardiente está encerrado dentro del corazón, y nuestro Yo Crístico guarda la llave. Pero somos nosotros quienes debemos tomar la llave y abrir ese destino.

*¡Destino ígneo, revélate!*
*Y muestra el camino superior de Dios.*
*¡Destino ígneo, revélate!*
*Pues el hombre no es un patán.*
*¡Destino ígneo, revélate!*
*Infunde al alma con Dios.*

Jesús enseña el poderoso mantra: «¡Yo y el Padre somos uno!»; podemos ampliarlo diciendo: «¡Yo y mi Madre somos uno!» Este sentimiento de plenitud en nuestro interior es lo que les falta a millones de personas de este planeta. Muchos buscan que un compañero o compañera acabe con la sensación de estar incompleto. Sólo con que experimentaran la totalidad de Alfa y Omega, su Dios Padre/Madre, de inmediato percibirían la plenitud que buscan.

Con frecuencia, cuando uno finalmente se identifica con su Yo Crístico y su Presencia YO SOY, inesperadamente —para sorpresa de ambos— aparece la llama gemela*, o bien el alma compañera.

Cuando repetidas veces no logramos precipitar abundancia y provisión a nuestro mundo, puede que el único ingrediente que falte sea identificarnos por completo con nuestro Yo Superior*. Una vez que hallemos esta plenitud, la inspiración y las ideas divinas pueden traer a nuestra vida provisión, felicidad y salud en abundancia.

Hay dos temas principales de los que tenemos que hablar con detalle y que son vitales para lograr la plenitud: la llama trina y los cuatro cuerpos inferiores.

### La llama del corazón

Saint Germain escribe: «Dentro del corazón hay una cámara central rodeada de un campo energético de luz y perfección tales que lo denominamos intervalo cósmico. Esta cámara está separada de la Materia, y ninguna investigación podría hallarla. Ocupa, simultáneamente, no sólo la tercera y la cuarta dimensión sino otras dimensiones desconocidas por el hombre.

»Así, el altar sagrado del corazón sirve como punto de conexión del poderoso cordón cristalino de luz que desciende desde tu Presencia Divina para sostener el latido del corazón físico, dándote vida, propósito e integración cósmica.

»Insto a todos los hombres a que, prestándole reconocimiento consciente, aprecien bien este punto de contacto que tienen con la vida. No necesitas comprender por medio de conocimientos avanzados o teorías científicas el cómo, el porqué y todos los detalles de su actividad.

»Conténtate con saber que Dios está allí y que dentro de tu corazón hay un punto de contacto con lo Divino, una chispa de fuego del corazón del Creador denominada la llama trina de la vida. Esta llama arde como una esencia triple de amor, sabiduría y poder. Cada reconocimiento que le otorgues a esta llama ampliará el poder y la iluminación del amor dentro de tu ser y producirá en ti un nuevo sentido de dimensión cósmica, que, si no externamente aparente, si se manifestará interiormente.»[3]

La llama del corazón es tu oportunidad personal de convertirte en el Cristo. La llama trina del corazón tiene tres plumas —de colores rosa, amarillo y azul— que consolidan el amor, la sabiduría y el poder de Dios. Puedes visualizar esta llama con una altura de 1,6 milímetros, y luego ver cómo se expande cuando meditas en el amor de Dios.

Puedes ampliar y aumentar la llama trina de tu corazón rindiéndole adoración y repitiendo este mantra que nos ha dado Saint Germain:

YO SOY la luz del corazón
brillando en las tinieblas del ser
y transformándolo todo en el dorado tesoro
de la mente de Cristo.

YO SOY quien proyecta mi amor
hacia el mundo exterior
para derribar toda barrera
y borrar todo error.

¡YO SOY el poder del amor infinito
que se amplifica a sí mismo
hasta ser victorioso
por los siglos de los siglos!

Saint Germain prosigue así su enseñanza sobre la llama trina de la vida: «En verdad, la llama Crística del corazón encarna las mismas cualidades de amor, sabiduría y poder que se manifiestan en el corazón del Todopoderoso, en el corazón de tu Presencia YO SOY y en el corazón de tu Yo Crístico. Ahora mismo, dentro de tu templo corporal hay tres plumas ígneas del Espíritu Santo, pulsaciones rosa, amarilla y azul de la llama viviente. Así, la Trinidad celestial obtiene expresión en el mundo de la forma material; y las energías del Padre (azul), el Hijo (amarillo) y el Espíritu Santo (rosa) resplandecen en el corazón del hombre.»[4]

### *Equilibra la llama trina*

El maestro nos ha dicho que el equilibrio es la llave de oro que nos abre la puerta de la Cristeidad. No podemos ser personas «asimétricas» a quienes les encantan las ocupaciones intelectuales hasta el punto de aislarse en una torre de marfil, e ignorar las responsabilidades que tenemos ante nuestra ciudad, nuestra nación y el prójimo necesitado.

Lo mismo sucede si somos personas cariñosas y dulces que se niegan a asumir sus responsabilidades o a dedicarse al sendero del aprendizaje.

Asimismo, una persona en quien sea dominante la pluma azul debe recordar que tiene que equilibrar el poder con la iluminación y el amor. El Morya nos ha dicho que una verdadera persona del rayo azul obtiene su poder de lo más profundo de la reserva de amor que tiene en su corazón. El progreso surge, por lo tanto, de la sintonía con los tres aspectos de Dios en perfecto equilibrio. Tenemos un mantra fundamental para equilibrar nuestra llama trina, porque cuando una de las plumas está desproporcionada en relación con las otras, no está completa nuestra precipitación de la provisión.

En el nombre de mi Presencia YO SOY y Santo Ser Crístico, invoco a la llama trina de amor, sabiduría y poder del corazón de Dios para que destelle, equilibre y expanda la llama trina de mi corazón.

¡Equilibra la llama trina en mí!    (recítese 3 veces)
¡Amado YO SOY!
¡Equilibra la llama trina en mí!    (recítese 3 veces)
¡Asume tu mando!

¡Equilibra la llama trina en mí!    (recítese 3 veces)
¡Auméntala a cada hora!
¡Equilibra la llama trina en mí!    (recítese 3 veces)
¡Amor, sabiduría y poder!

### Los cuatro cuerpos inferiores

Hilarión explica que la plenitud se logra por medio de la integración de nuestros cuatro cuerpos inferiores, así como dominando los siete rayos, no sólo el quinto. También hace hincapié en la necesidad de equilibrar nuestra llama trina, porque dice que «sin la totalidad del Cristo en manifestación equilibrada de amor, sabiduría y poder, no puedes esperar manifestar la perfección de la curación»[5].

«No habría necesidad de los denominados elixires, que se crean en los laboratorios humanos de la vida para prevenir el envejecimiento —nos dice Fortuna—, si la humanidad aprendiera cuál es la clave, la llave que abre las puertas del cielo, que realinea los cuatro cuerpos. Entonces, como un gran cedazo, como un gran transmisor de vida, el grandioso flujo del Ser podría descender e iluminar todas las salas de tu templo, todas las salas de la magna mansión que eres, con el resplandor de la luz, que es tu fuente de vida y existencia.»[6]

Estos cuatro cuerpos inferiores pueden describirse como cuatro fundas —la etérica, la mental, la emocional y la física— que rodean al alma y que vibran a diferentes frecuencias.

El cuerpo etérico, o cuerpo de la memoria, es el vehículo del alma y guarda el patrón original de «Su imagen y semejanza» según la cual fuimos creados en el principio. Es la imagen que cada persona está destinada a expresar de forma única. El cuerpo etérico inferior se relaciona con la mente subconsciente, la computadora que almacena los datos de las vidas de los hombres.

El cuerpo mental está diseñado para ser el cáliz de la mente de Dios, aunque hoy en día nos bombardean tantas vibraciones desde todas direcciones que a veces es fácil que nuestra mente carnal* sustituya a la mente de Cristo.

El cuerpo emocional es el cuerpo de los sentimientos, el cuerpo de las emociones, donde muchas veces, en lugar de la paz, predomina la agitación.

El cuerpo físico es el cuerpo que más conocemos; los malos tratos a los otros cuerpos, incluso los sufridos en vidas anteriores, pueden tener hoy como resultado enfermedades en este cuerpo.

Los cuerpos han de funcionar como una unidad integrada, como si fueran «ruedas dentro de otras ruedas». La forma más fácil de visualizarlo es imaginarnos que los cuatro cuerpos son coladores que se interpenetran. Cuando los «agujeros» están alineados, los cuatro cuerpos están sincronizados y podemos, por lo tanto, dirigir la luz a través de los chakras sin obstrucción.

Pero muchos de nosotros no tenemos esos «agujeros» alineados todo el tiempo, y así, nos desalineamos de nuestro Yo Real, nuestro Yo Crístico. Por eso no siempre podemos precipitar la vida abundante. Es frecuente que el descenso del karma de cada día provoque algún tipo de desalineación en los cuatro cuerpo inferiores. Todos los días tenemos que recitar fervorosas oraciones a la llama violeta y a nuestro Yo Crístico pidiendo el equilibrio de la llama trina y el alineamiento de nuestros cuatro cuerpos inferiores para así poder alcanzar nuestras metas con prontitud.

El maestro Pablo el Veneciano da la explicación divina de los cuatro cuerpos inferiores. «El engrandecimiento del

Cristo en ti expande la luz dentro de las células de tu forma física. Expande la llama dorada de la iluminación dentro de tu cerebro y de tu mente. Expande el antiguo recuerdo espiritual del ser de Dios dentro de tu cuerpo etérico, para que puedas recordar las experiencias de la llama inmortal de Dios que tuviste antes de individualizarte. Y cuando, gracias al poder de la experiencia iniciática, llegues a ese momento —la plenitud del momento en que Dios levantará el velo que separa la dualidad del hombre, porque todo propósito dentro de ti es el propósito de Dios—, será rasgado en dos el velo que hay entre el lugar santo y el mundo externo de la forma; y, como hizo el Cristo, emergerás habiendo vencido.

»No importa cuál sea tu origen externo. No importa si tus padres eran agricultores, chinos o caucásicos, o si eran pescadores de perlas, pintores, escultores, músicos o campesinos. Eso no importa, porque todas las personas provienen de Dios. Y en el gran universo de la forma y de la no forma, has de saber que Dios es el autor de la perfección de la vida. Y la belleza de la Luz dentro de ti se expandirá cuando la llama trina del hombre dé comienzo al proceso de crear un ser divino a partir del que quizá por generaciones ha sido un necio.

»Y tú, amado, eres parte de esa alma de Dios; no estás separado de ella, igual que una gota de agua extraída del océano no está separada del océano en su totalidad. Por consiguiente, contempla a Dios en el prójimo.»[7]

*Amados, al igual que el Padre diseña la textura —parecida al encaje— y los hermosos diseños de un diminuto copo de nieve que existe un solo instante y luego se derrite al calor para volver a convertirse en agua, así vosotros, queridos hijos de Dios,*

*fuisteis llamados desde la gran luz sin forma para que encarnaráis*
*en este planeta solar con el fin de tener experiencias que os exal-*
*taran, a vosotros que fuisteis creados por debajo de los ángeles,*
*hasta estar con Cristo como Hijo y heredero conjunto con Dios.*

*Pablo el Veneciano*

Cuando experimentamos el alineamiento de nuestros
cuatro cuerpos inferiores, también experimentamos la vida
abundante de la energía, la luz y la dirección de Dios. Nuestros cuatro cuerpos inferiores están destinados a ser un cáliz
del Dios Altísimo. Y a ese cáliz fluirá la provisión abundante
de Dios, tanta como seas capaz de recibir. Así, el alineamiento de los cuatro cuerpos inferiores es esencial para disfrutar
de la vida abundante.

### La Gráfica de tu Yo Divino

Además de los cuatro cuerpos inferiores, hay tres cuerpos superiores. Somos en realidad seres séptuples. Los tres
cuerpos superiores son:

1) La Presencia YO SOY, también conocida como la
Presencia Electrónica, Dios individualizado para cada uno
de Sus hijos e hijas;

2) el Cuerpo Causal que rodea a la Presencia YO SOY
con los anillos de color que contienen nuestro «tesoro en el
cielo»[8];

3) el Yo Crístico, el Mediador entre Dios y el hombre,
al que algunas veces se denomina Cuerpo Mental Superior.

Medita por un momento sobre la Gráfica de tu Yo Divino* (véase pág. 58). Ésa es nuestra verdadera apariencia; es
nuestra imagen perfecta, nuestro Verdadero Yo. La Madre

María dice que justo encima de este cuerpo mortal que sufre
está la imagen perfecta de tu Ser, la matriz inmaculada, el
Santo de Dios. Éste es tu verdadero ser y tu verdadera indi-
vidualidad. Muchas veces creemos que no somos más que
esta forma mortal; pero somos algo más que hombres y
mujeres físicos que están en la Tierra. Recuerda que David
dijo: «Vosotros, dioses sois, todos vosotros, hijos del Altísimo»[9].

El Yo Crístico se halla sobre nosotros y por encima de él
está la Presencia Divina, vinculados ambos a cada persona
por medio del cordón cristalino.

### El elemental del cuerpo

A menudo establecemos nuestras propias limitaciones.
Somos nosotros quienes decidimos que necesitamos dormir
cierta cantidad de horas, que sólo podemos comer ciertos
alimentos, que sólo podemos hacer cierto tipo de trabajo,
que nos vamos a resfriar si estamos en medio de una corriente de aire, etcétera. Nuestra mente subconsciente acepta estos conceptos, que pueden afectarnos más de lo que
creemos; hasta puede ocurrir que el elemental del cuerpo,
creyendo obedecer nuestros deseos, haga realidad esos conceptos.

¿Qué es el elemental del cuerpo? Es el compañero de
juegos que muchos niños ven y que sus padres han aceptado
como parte de un mundo imaginario. Cuando encarnamos
por primera vez se nos asignó un cuidador, un jardinero,
por así decir, a quien se conoce como el elemental del cuerpo: un pequeño ser que ha estado con nosotros y que ha
cuidado de nuestro cuerpo físico en todas las encarnaciones

que hemos tenido desde que comenzamos este largo y arduo viaje.

Este pequeño elemental, como todos los elementales, es un servidor del hombre. Es un mimo. Se apropia de nuestras faltas y de nuestras ideas. Si decidimos tener belleza y abundancia, entonces el elemental de nuestro cuerpo lo percibe y produce esa perfección en el cuerpo. Si nos sentimos enfermos, si creemos tener una enfermedad crónica, el elemental del cuerpo comienza a llevar la carga de esa percepción y puede comenzar a caminar encorvado. Algunos de estos elementales tienen joroba por el terrible peso que constituyen los miedos que la gente tiene de que le pase algo a su cuerpo.

Puede que las personas tengan miedos tan grandes que privan por completo a sus elementales de la oportunidad de hacer su obra perfecta de curación y de cuidado del cuerpo.

Si deseamos tener la cooperación plena del elemental del cuerpo, tenemos que invocar la llama de la intrepidez, una llama de fuego blanco brillante con matices de color verde en los bordes. De acuerdo con nuestro libre albedrío, podemos permitir que este fuego consuma todas nuestras dudas, nuestros miedos, nuestras ansiedades, nuestras supersticiones, nuestras inseguridades, incluso nuestros sentimientos de culpa, de no ser dignos de la curación y la plenitud.

Puede que oír hablar del elemental del cuerpo te resulte novedoso, pero él ya te conoce. Debemos comprender lo sensible que es a todos nuestros pensamientos y sentimientos y cómo, en su deseo de agradarnos y obedecernos, a menudo expresa nuestros sentimientos negativos de duda, miedo, inseguridad y fastidio.

Tenemos que comprender que hay en nuestro subconsciente registros de todas las veces que hemos muerto; el elemental de nuestro cuerpo ha estado con nosotros desde la primera vez que encarnamos y ha absorbido nuestro miedo a morir. Necesitamos oraciones y decretos a la llama violeta para transmutar todos los registros del miedo que todavía permanecen en nuestra mente subconsciente y en la inconsciente. Puede que estos registros nos impidan lograr la verdadera abundancia.

Todos nuestros pensamientos y sentimientos son transmitidos electrónicamente al elemental del cuerpo y él inmediatamente los manifiesta en las células del cuerpo. A veces nos enfermamos porque primero hemos hecho que nuestro elemental se enferme. Hemos enseñado a este pequeño sirviente a pensar y sentir de manera negativa. ¡Y nos obedece! De la misma forma que nuestros miedos y dudas pueden paralizar por completo al elemental del cuerpo, una actitud positiva hacia la vida lo libera y le permite establecer buena salud, bienestar y abundancia en nuestro mundo.

Es importante comprender que una vez que la persona acepta en su mente el concepto de la muerte, el elemental del cuerpo se retira y deja de cuidar el cuerpo. Como uno ya ha aceptado la idea de la muerte, él obedece. Cuando esto sucede, decimos que alguien se ha convertido en un «vegetal». Encontramos tal situación en las residencias geriátricas y en personas que se han convencido de tener una enfermedad incurable.

Debemos mantener a raya nuestros pensamientos y sentimientos, porque las ideas subconscientes nos afectan mucho más de lo que imaginamos. Nuestra mente consciente no es más que la punta del iceberg, y todo lo que hay debajo de la superficie en el subconsciente y en el inconsciente es el patrón causa/efecto de nuestra vida.

La siguiente invocación, con la que pedimos integridad Crística, muestra cómo hacer que entre en acción el elemental de nuestro cuerpo y cómo ordenar que todos nuestros átomos, células y electrones sean luz. Estos dos pasos son necesarios para poder asumir el control de nuestra vida.

Por medio del poder de la Palabra hablada* podemos atraer las energías del Espíritu Santo hacia un foco concentrado de fuego sagrado, allí donde haga falta para la curación del cuerpo, la mente y el alma.

El Espíritu Santo nos aconseja que rodeemos a este fiel elemental del cuerpo con el resplandor de la gratitud y el amor enviados desde el cáliz de nuestro corazón y que visualicemos a su alrededor un palpitante ovoide ígneo de color rosa. El amor es el idioma universal de los guardianes de la Naturaleza al cual nunca dejan de responder.

### Invocación de integridad crística

En el nombre de Dios, YO SOY, individua-lizado en mí, de mi amado Yo Crístico y de Jesús el Cristo, vierto mi amor y gratitud a mi elemental del cuerpo por su fiel servicio siempre. (Detente a visualizar tu elemental del cuerpo en un ovoide de la llama rosa del amor divino.)

¡Ordeno ahora al elemental de mi cuerpo que se levante y asuma el dominio completo de toda condición imperfecta que pueda manifestarse dentro de mi cuerpo físico! Amado elemental del cuerpo, entra en acción ahora para reparar los desperfectos bajo la guía y dirección de mi Yo Crístico, el amado Jesucristo y el diseño inmaculado de mi corriente de vida emitido desde el corazón de mi Presencia Divina, ¡oh, tú, Gran Regenerador!

En el nombre de la Presencia de Dios que YO SOY, por y a través del poder magnético del fuego sagrado del que está investida la llama trina que arde dentro de mi corazón, yo decreto:

1.   YO SOY la Perfección de Dios manifestada
      en cuerpo, mente y alma;
      ¡YO SOY la dirección de Dios fluyendo
      para curarme y mantenerme íntegro!

Estribillo:
      ¡Oh átomos, células, electrones
      en este cuerpo mío,
      que la perfección misma del cielo
      me haga ahora divino!
      Las espirales de la integridad Crística
      me envuelven con su poder;
      YO SOY la Presencia Soberana
      que ordena: «¡Sé todo luz!»

2.   YO SOY la imagen perfecta de Dios:
      mi cuerpo está cargado de amor;
      ¡que las sombras disminuyan ahora,
      bendecidas por la paloma del Consuelo!

3.   ¡Maestro querido, Jesús bendito
      envíame tu rayo de curación;
      lléname con toda tu vida del cielo,
      elévame ahora en tus brazos de amor!

4.   ¡YO SOY la Presencia curativa del Cristo,
      brillando como un sol de compasión,

YO SOY esa pura perfección
que logra mi perfecta curación!

5.  Me cargo, me cargo y me cargo
    con la luz radiante del YO SOY,
    ¡siento el flujo de su pureza
    que ahora todo lo endereza!

¡Y con plena fe acepto conscientemente que esto se manifieste, se manifieste, se manifieste! (recítese 3 veces), ¡aquí y ahora mismo con pleno poder, eternamente sostenido, omnipotentemente activo, siempre expandiéndose y abarcando el mundo hasta que todos hayan ascendido completamente en la luz y sean libres! ¡Amado YO SOY! ¡Amado YO SOY! ¡Amado YO SOY!

### Los siete rayos

En el segundo capítulo mencioné que para ayudarnos en nuestra búsqueda de la abundancia, se nos ha ofrecido la mediación de los maestros ascendidos. Podemos llamar en el nombre de nuestra Presencia Divina y Yo Crístico a los maestros que elijamos y pedirles que nos den su *moméntum* en un rayo determinado. Vamos a ampliar este concepto explorando los rayos: su color, sus funciones y los maestros que sirven en cada uno de ellos.

El Morya es el señor del primer rayo, el del poder, la fe y la voluntad de Dios. Lanto sirve en el segundo rayo, el de la sabiduría y la iluminación. Pablo el Veneciano es nuestro maestro del tercer rayo, del amor y la belleza. Serapis Bey es el maestro del Templo de la Ascensión y sirve en el cuarto rayo, de la pureza y la ascensión. Hilarión, señor del quinto rayo, el de la ciencia, la curación, la verdad y la provisión, trabaja con los escépticos, los ateos y los agnósticos. La maestra Nada encabeza el sexto rayo que corresponde al ministerio, el servicio y la paz, cuyo color es morado y oro con motas rubíes. Y Saint Germain es nuestro chohán del séptimo rayo, el rayo violeta de la libertad, la misericordia y la transmutación.

Los siete rayos de color son la división natural en que se separa la luz blanca pura procedente del corazón de Dios cuando atraviesa el prisma de la manifestación. Estos rayos son llamas que emanan del corazón de Dios. Sea cual sea su color, todas las llamas tienen un núcleo de fuego blanco de pureza, el cual encarna todos los atributos divinos y puede ser invocado por quienes desean expandir la conciencia Crística.

Un método sencillo para visualizar las llamas es evocar el recuerdo de una fogata. Reteniendo el concepto de la acción de las llamas físicas, observa cómo adquieren el color de la llama Divina que deseas invocar. Ahora aumenta la imagen de las llamas hasta que ocupen toda tu conciencia. Visualiza entonces que entras al centro de la flamígera Presencia de Dios y siente que Su amor te rodea como un loto de mil pétalos, siendo cada llama un pétalo de la omnímoda conciencia divina.

Así como los colores tienen cierta frecuencia, así los pensamientos y sentimientos tienen patrones vibratorios. Los estudios del aura humana han demostrado que existe correlación entre los colores que se encuentran en el aura y los patrones mentales y emocionales del individuo.

El patrón electrónico de cada uno de los siete rayos es el mismo que el de la correspondiente cualidad divina que representan. Es, pues, correcto decir que el amor es rosa, la sabiduría es amarilla, el poder es azul, la misericordia es violeta, la justicia es morada, la curación y la provisión son verdes y la pureza es blanca. Pues dondequiera que hallemos estos siete rayos en el hombre, el resplandor de sus matices con los colores del arco iris aparece como un brillo —tenue pero poderoso— dentro del aura[10].

### ¡Proclama tu victoria!

Algo que parece ser un obstáculo en el sendero de aquéllos que sinceramente buscamos la abundancia es, ni más ni menos, que nos negamos a reivindicar nuestro derecho de nacimiento como hijos e hijas de Dios. Son tantos los sucesos y las vibraciones que afectan todos los días a nuestra aura, que es fácil caer en una baja autoestima, sentir que quizá no somos dignos de la abundancia.

Serapis Bey, el maestro de la llama de la ascensión, dice que no puedes convertirte en algo a menos que lo proclames. Y un maestro que es conocido como el Poderoso Víctory porque nunca ha conocido sino la victoria, nos ha dado un mantra para la victoria. Nos dice que repitamos las palabras «*reclamo mi victoria ahora*» cientos de veces al día hasta que verdaderamente sintamos esa victoria y creamos en nosotros mismos.

Deja que estas palabras resuenen en tu mente en los momentos libres de tu ajetreado día. Camina haciendo que estas palabras suenen al ritmo de tus pasos. Hemos sido tan programados para aceptar la negatividad, que nos hace falta algo como este sencillo mantra para ayudarnos a recuperar el control de nuestros pensamientos y sentimientos y para creer de veras que sí somos dignos de la abundancia.

Charles Fillmore, el fundador de Unity, escribe en su libro *Prosperity* («Prosperidad»): «No vaciles en pensar que la prosperidad es para ti. No te sientas indigno. Destierra todos los pensamientos de ser un mártir de la pobreza. Nadie disfruta con la pobreza, pero hay gente que parece disfrutar con la lástima y la compasión que provocan con esa pobreza. Supera toda tendencia en ese sentido y toda creencia de que estás destinado a ser pobre.

»Nadie puede ser dejado por imposible a menos que se haya resignado al destino que ha imaginado para sí mismo. Piensa en la prosperidad, habla sobre la prosperidad, no en términos generales sino precisos, no como algo que es de otra persona sino como algo que te pertenece por derecho propio. Niega todas las apariencias de fracaso y afirma el éxito y la provisión ante el miedo y la duda. Entonces, da gracias por la abundancia en todos tus asuntos.»[11]

Que yo sepa, la mejor forma de controlar los pensamientos y sentimientos negativos es repetir este pequeño mantra: «Eres un hijo de la luz». Puede que te sea de mayor ayuda hacerlo en primera persona: «Soy un hijo de la luz».

*Eres un hijo de la luz,*
*fuiste creado a imagen divina.*
*Eres un hijo del Infinito,*
*habitas en los velos del tiempo.*
*¡Eres un Hijo del Altísimo!*

### La conciencia de abundancia

Mark Prophet nos dijo que la Tierra Prometida está a nuestra disposición. Tenemos que invocar a Dios todos los días hasta que la integridad Crística se convierta en realidad para nosotros. Dijo que es indiferente que personas con más de cincuenta, sesenta, setenta años o de cualquier edad, no la manifiesten físicamente. El cambio debe suceder en la conciencia. «Y si sucede en tu conciencia —afirmó Mark Prophet—, entonces sucederá algo maravilloso.»[12]

Hay una conexión práctica entre la esencia electrónica espiritual de la integridad Crística y la invocación que realicemos a fin de atraer esa integridad hacia nosotros y los demás. El maestro Jesús dijo: «Hija, tu fe te ha salvado»[13]. Hemos de tener fe al invocar la integridad Crística, y hemos de aceptarla. Tenemos que creer que Dios existe y que Él recompensa a quienes le buscan con diligencia. De lo contrario, nuestras dudas pueden destruir la matriz antes de siquiera comenzar.

### Gratitud

Otro obstáculo que aparta a muchos de la verdadera abundancia es su incapacidad de expresar *gratitud*. En realidad, la gratitud es una llave con la que podemos abrir la puerta cerrada de la conciencia para así recibir la abundancia que está siendo ofrecida. La gratitud, el agradecimiento, es una cualidad tan importante que le vamos a dedicar un capítulo entero.

### Alegría

Queda todavía otra cualidad que está ausente en quienes constantemente manifiestan penuria: es la *alegría,* la efervescente esencia de la expresión del amor divino en tu vida. La alegría es un imán que atrae todas las bendiciones del cosmos[*]. Hay muchas personas que están continuamente deprimidas. A menudo ello es el epítome del egoísmo, ya que se niegan a sí mismas las bendiciones que Dios anhelaría darles, si las aceptaran.

Cuando el camino parezca ensombrecerse, ¡reza pidiendo guía espiritual y cree en que existe una salida! A continuación encontrarás un pequeño mantra que ha brindado paz a muchas personas y les ha ayudado a controlar su mente cuando parecían estar a punto de ser dominadas por pensamientos y situaciones sombrías. Estoy segura de que todos tenemos días en los que el futuro parece incierto y no sabemos qué camino tomar. Repite con frecuencia este mantra y ten la certeza de que los maestros ascendidos están esperando que los invoques para poder indicarte el siguiente paso que debes dar en tu sendero.

*Él te guiará y protegerá por siempre,*
*lejos te llevará en sus brazos,*
*de los astutos se oculta,*
*a los pobres con Su encanto exalta.*

Puede que el consuelo sea mayor si lo recitas en primera persona: «Él *me* guiará y protegerá por siempre, lejos *me* llevará en sus brazos...» Éste es el momento de dejar volar la imaginación; puedes imaginarte cualquier cosa que te haga tener la seguridad de que Dios está guiando todos tus pasos. La visualización es una herramienta primordial para precipitar la abundancia.

### *Libertad por medio del perdón*

El pasado puede cambiarse por medio del Espíritu Santo, lo mismo que el presente y el futuro. Por lo tanto, no hay motivo para creer que estamos limitados por las condiciones o las circunstancias, ni siquiera por nuestro supuesto pecado. Podemos hacer peticiones en el nombre de Jesucristo y, por medio de la llama violeta, ese pecado puede ser transmutado y perdonado. Día a día, gota a gota, las energías de la misericordia descienden en respuesta a nuestras oraciones, y vemos que nuestra curación sucede paulatinamente al intercambiar el viejo hombre por el nuevo.

Si deseamos recibir perdón, tenemos que aprender no sólo a perdonar a los demás sino también a perdonarnos a nosotros mismos. Puede que hayamos perdonado a alguien que nos ha perjudicado, pero, por algún motivo, no somos capaces de perdonarnos a nosotros mismos, tenemos la sensación de que somos demasiado indignos como para ser perdonados. Pues bien, sólo nosotros podemos remediar esta situación, y hemos de hacerlo de inmediato antes de poder continuar con nuestros experimentos alquímicos.

Perdonar a otros y perdonarnos a nosotros mismos va, literalmente, a obrar milagros en nuestro cuerpo, nuestra mente, nuestra alma y nuestro espíritu. En realidad, somos víctimas de nuestras ilusiones y confusiones. Los problemas que nos afectan nunca son tan serios como parecen. Recuerda el viejo refrán: «Hoy es el mañana del que ayer te estuviste preocupando».

«La mejor forma de librarse del complejo de inferioridad —enseña Mark Prophet— es el perdón. Si te perdonas a ti mismo, eres como todos los demás. Comienza hoy y mañana y todos los días, durante toda tu vida, a perdonarte a ti mismo y a perdonar a los demás. No temas perdonar: perdonar es divino. Guardarle rencor a alguien es destructivo. Tiene consecuencias kármicas y más tarde regresa hasta nosotros para ser redimido. El no perdonar te alejará de todo el bien espiritual que Dios tiene preparado para ti.»[14]

De vez en cuando encontrarás gente que dice: «No puedo perdonarme por lo que hice. Sé que Dios me ha perdonado, pero yo no puedo hacerlo». Cuando no podemos pedir perdón ni recibirlo, es una indicación de que somos demasiado orgullosos como para aceptar ese regalo de Dios. Por favor, no vaciles en permitir que el regalo divino de la llama violeta borre la causa, el efecto, el registro y la memoria de todo aquello que te esté inquietando. Llama a Saint Germain y pídele que te ayude a perdonarte a ti y a perdonar a los demás.

La parábola del hijo pródigo es el mejor ejemplo del perdón que conozco.

### La parábola del hijo pródigo

*Un hombre tenía dos hijos; el menor de ellos dijo al padre: «Padre, dame la parte de la hacienda que me corresponde». Y él les repartió la hacienda. Pocos días después, el hijo menor lo reunió todo y se marchó a un país lejano donde malgastó su hacienda viviendo como un libertino.*

*Cuando hubo gastado todo, sobrevino un hambre extrema en aquel país, y comenzó a pasar necesidad. Entonces, fue y se ajustó con uno de los ciudadanos de aquél país, que le envió a sus fincas a apacentar puercos.*

*Y deseaba llenar su vientre con las algarrobas que comían los puercos, pero nadie se las daba. Y entrando en sí mismo, dijo:*

*«¡Cuántos jornaleros de mi padre tienen pan en abundancia, mientras que yo aquí me muero de hambre! Me levantaré, iré a mi padre y le diré: "Padre, pequé contra el cielo y ante ti. Ya no merezco ser llamado hijo tuyo, trátame como a uno de tus jornaleros"».* Y, levantándose, partió hacia su padre.

Estando él todavía lejos, le vió su padre y, conmovido, corrió, se echó a su cuello y le besó efusivamente. El hijo le dijo: *«Padre, pequé contra el cielo y ante ti; ya no merezco ser llamado hijo tuyo».* Pero el padre dijo a sus siervos: *«Traed aprisa el mejor vestido y vestidle, ponedle un anillo en su mano y unas sandalias en los pies. Traed el novillo cebado, matadlo, y comamos y celebremos una fiesta, porque este hijo mío estaba muerto y ha vuelto a la vida; estaba perdido y ha sido hallado».* Y comenzaron la fiesta.

Su hijo mayor estaba en el campo y, al volver, cuando se acercó a la casa, oyó la música y las danzas; y llamando a uno de los criados, le preguntó qué era aquello. Él le dijo: *«Ha vuelto tu hermano y tu padre ha matado el novillo cebado, porque le ha recobrado sano».* Él se irritó y no quería entrar. Salió su padre, y le suplicaba. Pero él replicó a su padre: *«Hace tantos años que te sirvo, y jamás dejé de cumplir una orden tuya, pero nunca me has dado un cabrito para tener una fiesta con mis amigos; y ¡ahora que ha venido ese hijo tuyo, que ha devorado tu hacienda con prostitutas, has matado para él el novillo cebado!»*

Pero él le dijo: *«Hijo, tú siempre estás conmigo, y todo lo mío es tuyo; pero convenía celebrar una fiesta y alegrarse, porque este hermano tuyo estaba muerto, y ha vuelto a la vida; estaba perdido, y ha sido hallado».[15]*

### Gracia

Llega un momento en la vida en el que nosotros, que estamos intentando con todas nuestras fuerzas perfeccionarnos y lograr la abundancia que nos ha sido prometida, nos sentimos completamente bloqueados. Nos sentimos como si fuéramos un nadador que falla por tercera vez, y entonces, de improviso, Dios nos extiende su gracia y somos salvados. Sin embargo, muchas veces es como si tuviéramos que esforzarnos al máximo de nuestra capacidad antes de que el descenso de la gracia nos conceda el triunfo.

Y, para terminar, Lanelo[*] nos da una fórmula para llevar una vida feliz, una vida de satisfacción, de victoria y de abundancia:

*¡Invoca al Señor!*
*No le niegues nada,*
*y él nada te negará.*

Podemos estar tranquilos sabiendo que, como nos dice Pablo el Veneciano[*]: «La Tierra no tiene aflicción que el amor no pueda sanar».

## Meditación sobre la integridad Crística
*por MARK L. PROPHET*

*Oh, Presencia Eterna del Cristo en las laderas, en las cumbres, abre los grandes pliegues de tus vestiduras y permite que la energía de la luz cósmica entre en la densidad de aquellos individuos que han venido aquí buscando el espíritu de la resurrección y la llama de tu verdad.*

*Entrégales la verdad cósmica de tu realidad. Abre los portales de la eternidad y permite que escuchemos la música de las esferas.*

*Tú has dicho: «He aquí que siempre estoy contigo»; y la luz que de tu cabeza sale todavía nos acompaña. Tu mirada, tu ojo sagrado que contempla todos nuestros crímenes nos recuerda que tú eres Dios encarnado. Y con toda esta luz entendemos que también nosotros lo somos. Nos consideramos hermanos pequeños, los pocos y los muchos. Nos consideramos muestras de tu amor.*

*Oh, Cristo eterno, pon tu mano sobre nuestra frente. Que te sintamos ahora, que sintamos un ardiente deseo de integridad Crística, un fuego de esplendor cósmico que se extiende hasta alcanzar el espíritu de todos los hombres de este planeta y que reúne a los hijos del mundo en un solo entendimiento que se manifiesta en tu estandarte desplegado, un estandarte que es unidad cósmica, no una simple unión sin perfección. «He aquí que con vosotros estoy hasta el fin de la era.»*

*Oh, abre los lirios cósmicos de fuego blanco de tu Espíritu; oh, abre tus pétalos, emite tu fragancia desde el corazón del sol. YO SOY el Uno, e pluribus unum, uno entre muchos, muchos del Uno. Oh, Cristo vivo, emite ahora tu fragancia. Haznos íntegros, haznos íntegros, haznos íntegros[16].*

*Imagen 2. Cámara secreta del corazón*

# 5

# ¿Cuál es mi plan divino y cómo puedo descubrirlo?

El primer paso para recorrer un millón de kilómetros es el de la determinación Divina mediante el cual te plantas con firmeza y dices: «*Llegaré* a la meta. Y *haré* todo lo que de mí se requiera, pero *llegaré*»[1].

La Madre María se hace eco de este sentimiento al expresarlo con otras palabras: «El caminar con Dios comienza con el primer paso, y el primer paso es siempre la fe. ¿Cómo puedes saber adónde vas o cuándo llegarás, si no *comienzas a andar?* Tienes que *empezar* a caminar. No puedes quedarte quieto criando moho o acumulando polvo.

»Todas las estrellas y las galaxias están en movimiento alrededor del Sol Central, y tú mismo estás en movimiento, en órbita alrededor de la realidad divina de tu ser.»[2]

Una maestra ascendida, llamada Rosa de Luz[*], habla en tono alentador sobre nuestro plan divino: «Que todos entiendan que hay un plan divino para toda corriente de vida y que ese plan es de una belleza indescriptible. Es como una brillante rosa dorada saturada de luz. Cada pétalo palpita con el poder de la renovación momentánea a medida que el Latido Divino sale del centro del universo, desde el Origen de toda la vida, y se expresa por doquier»[3].

### Escoge ser libre

Estés donde estés, hagas lo que hagas, puedes decidir en este momento ser libre de todo lo que en el pasado te haya impedido realizar tu plan divino. ¿Has tomado ya esa decisión de manera consciente?

Elizabeth Clare Prophet enseña que la clave de tu salvación es la *elección*. El libre albedrío es la oportunidad de examinar lo que Dios ha hecho y decir: «Escojo eso». El Padre nos creó como hijos e hijas para que, junto con Él, fuéramos creadores. Cuando comprendemos esto, cuando lo aceptamos, podemos aceptar a Dios como socio en nuestros planes.

Pero ¿te has detenido a pensar alguna vez que muchas personas no *escogen* nada en absoluto? Muchos son simplemente zarandeados por las olas de las circunstancias, circunstancias sobre las cuales no han tomado control alguno. Puede parecer que el camino fácil es dejar que las cosas sucedan a su antojo, aceptar lo que nos envíe el destino, seguir la misma rutina todos los días. Cierto, puede ser difícil salir de los viejos patrones, pero crear un plan divino para tu vida rendirá dividendos incalculables.

*Hay en los negocios humanos una marea que,*
*tomada cuando está llena, conduce a la fortuna;*
*y omitida, hace que el viaje de la vida esté circundado*
*de bajíos y miserias.*

Shakespeare, *Julio César*

¿Le has fijado realmente un objetivo a tu vida? Todos los días se nos presentan oportunidades, pero es habitual que no las reconozcamos. Cuando esto sucede, al no aprovechar cada momento al máximo, lo perdemos. Nuestra prueba es llegar a dominar la vida; y la «lucha» deja de serlo cuando la contemplamos a la luz de los logros. Cuando estamos en el sendero adecuado, comprendemos que, como ha dicho El Morya, «el sendero ascendente bien merece los inconvenientes».

Tenemos la opción de ser o no ser. Nuestra alma puede manifestar el patrón original interior o puede no hacerlo. Podemos escoger estar alineados con nuestro Yo Real o permanecer fuera de la realidad. Intenta lo siguiente: trata de hacer algo sin Dios y luego pídele Su ayuda. Verás lo diferente que resulta todo.

*Ser o no ser: he aquí la cuestión;*
*¿Qué es más noble, sufrir*
*las punzadas y saetas de la infame fortuna*
*o arrostrar un mar de problemas*
*y al así hacer acabar con ellos?*

Shakespeare, *Hamlet*

Elizabeth Clare Prophet contó una divertida anécdota que ilustra este principio a la perfección: «Conocí no hace mucho a una mujer, cristiana devota, que me relató una experiencia que tuvo de niña. Me dijo: "Todo lo que hago, lo hago en nombre del Padre, del Hijo y del Espíritu Santo. Mis amigos piensan que soy algo rara, pero lo hago de todas maneras". Y añadió: "Le voy a contar por qué lo hago".

»"Cuando era pequeña, vivía en Inglaterra y tenía que levantarme muy temprano para encender el fuego. Parecía que cuanto más intentaba encenderlo, menos lo lograba. Usaba un fósforo tras otro, pero no prendía.

»"Así que un día, después de ver cómo me esforzaba, mi abuela me dijo: ´Sólo con decir, «en el nombre del Padre, del Hijo y del Espíritu Santo, que se encienda el fuego», dejarías de tener problemas´."

»De modo que la mujer lo dijo. Y, *voilà*, el fuego se encendió sin problemas. Me dijo que a veces se le olvidaba decirlo y se repetían los mismos problemas. Entonces se acordaba de que no le había pedido a Dios que la ayudara; lo hacía y el fuego se encendía. Fue una lección y se convirtió en un hábito que conservó toda la vida.» ¡Cuánta verdad encierra esta anécdota, pues ilustra la ley básica del universo: el libre albedrío!

### Libre albedrío

«El libre albedrío es un elemento esencial del cosmos y del entendimiento de las leyes del cosmos —enseña El Morya—. Incluso el electrón tiene libre albedrío. El electrón es la más pequeña partícula de energía que ha elegido hacer la voluntad de Dios. Las almas recibieron el don del libre albedrío cuando abandonaron el núcleo de fuego de Alfa y Omega. Entre las almas que salieron, algunas escogieron con la gracia del libre albedrío fusionarse con la voluntad de Dios, y otras escogieron fusionarse con una voluntad que era diametralmente opuesta a la divina.

»¿Quién puede saber cómo usar sus talentos sin percibir antes la llama de la voluntad de Dios? Es indispensable que conozcas el corazón del Padre en lo referente a tu vida y a tus salidas.

»No puedes escoger un camino en la Tierra y decir: "Oh, Dios, ¿es ésta tu voluntad?", después de haber suscrito contratos y haberte implicado en circunstancias que razones kármicas impiden alterar. La voluntad de Dios debes invocarla antes, no después. Porque, ¿cómo esperas que te ayudemos una vez que has utilizado tu libre albedrío para hacer lo que te plazca? Esto no está en orden divino, y cuando alguien espera que nosotros alteremos su vida después de haber tomado las decisiones, no es señal de buen criterio.»

El Morya, con su gran devoción a la voluntad de Dios, continúa con su enseñanza: «Por lo tanto, al levantarte por la mañana, invoca la llama de la santa voluntad antes de decidir las acciones del día. Una vez que estás enredado en el mundo exterior, no podemos interferir con el curso cíclico que tú mismo has establecido, pues debe desenredarse según el patrón de causa-efecto que tú has determinado. Aunque Dios ha establecido el patrón más genérico, éste no puede convertirse en algo específico para ti sin tu llamado, sin tu invitación, sin la atención de tu corazón a la llama de la santa voluntad de Dios, que tenemos el privilegio y la bendición de guardar y nutrir para ti hasta el momento en que estés preparado para invocarnos.

»Que este ritual sagrado se convierta, pues, en parte de tu ofrenda diaria al Dios Altísimo, que llegues a Su corazón para que, por la senda de Su santa voluntad, puedas percibir y conocer todas las maravillas de la creación. Porque si en verdad hollas el camino de la voluntad de Dios, no puedes salirte del Sendero.»[4]

Dios nos concedió libre albedrío, y no hay un solo maestro ascendido, ángel o Elohim que tenga permitido interferir en nuestra vida a menos que le invitemos. Si con tu libre albedrío dices: «En el nombre de mi Presencia Divina y mi Yo Real, el Cristo, pido tu ayuda», entonces, por ley cósmica, los miembros de la Gran Hermandad Blanca deben instantáneamente enviar la luz de su conciencia. Debes acordarte de restringir tus peticiones diciendo: «Hágase de acuerdo con la voluntad de Dios».

Aprendí la importancia de invocar la voluntad de Dios en todo tipo de empresa, ya fuera relacionada con negocios o ya tuviera que ver con mi vida personal. Llegó un momento en que, aparentemente, lo prudente era cambiar la ubicación de nuestro estudio fotográfico. Estábamos en un edificio del centro de la ciudad. Como nuestro contrato de arrendamiento se estaba acercando a su término, parecía ser un momento excelente para realizar una de mis metas a largo plazo.

En mi mente me había imaginado un estudio operado desde el hogar. Muchos de mis amigos habían trasladado su negocio del centro de la ciudad a sus hogares, y les había ido muy bien. La vibración es más relajada y amigable cuando uno entra a una casa que a una tienda situada en una calle muy transitada.

Encontramos una casa encantadora, a media manzana de donde vivíamos. De esta forma no tendríamos que vivir en el edificio del estudio. Me lo podía imaginar a la perfección: el precioso jardín donde podríamos hacer los desfiles para novias, una hermosa casa que podría decorar con un estilo cálido y relajado, espacio de sobra para todas las áreas de trabajo, etcétera. ¡Todo era perfecto! Había usado los pasos de la precipitación alquímica, y estaban funcionando sin problemas.

¡Pero!... Un día, minutos antes de cerrar el trato con el agente de bienes raíces, nuestro banquero, que era amigo personal, llamó por teléfono para decirme que tenía que verme de inmediato. Acababa de enterarse de que al lado de la casa que había previsto comprar, el Estado había aprobado la construcción de una salida de autopista. Y además, también justo al lado de la propiedad, habían concedido una licencia para abrir un puesto de hamburguesas a 19 centavos.

Me partió el corazón porque mi sueño se había esfumado; pero también me sentí aliviada de haber restringido mis planes según la voluntad de Dios. ¿Te imaginas un precioso desfile de trajes de novia mientras al lado pasan los coches a toda velocidad, todo ello simultaneado con ráfagas de olor a hamburguesa?

Sin embargo, si yo hubiera insistido en realizar mi libre albedrío en lugar de la voluntad divina, habría podido ver mi «sueño» hecho realidad. El banquero me hubiera concedido el préstamo, el agente estaba ansioso por vender. ¡Habría sido un desastre! Ahora, con El Morya, puedo repetir: «Si en verdad hollas el camino de la voluntad de Dios, no puedes salirte del Sendero\*». Es importantísimo que le pidamos a Dios que nos revele Su voluntad.

*A vuestro Padre le ha parecido bien daros a vosotros el Reino[5].*

*Todo lo que emprendas saldrá bien, y por tus caminos brillará la luz[6].*

*Pues el que está en vosotros es más que el que está en el*
*mundo[7].*
*¡Todo es posible para quien cree![8]*
*Todo lo puedo en Aquel que me conforta[9].*
*Reconócele en todos tus caminos y él enderezará tus sendas[10].*

### Pon tus metas por escrito

El siguiente paso, después de estar resuelto a encontrar
el plan divino de tu vida, es poner por escrito todas tus metas, tus esperanzas, tus aspiraciones. Escribe tus esperanzas
más profundas, tus sueños imposibles, los anhelos de tu corazón, tu deseo de realización a nivel del alma, tus metas
educativas, tus expectativas espirituales y materiales y el servicio que deseas prestarle tanto a Dios como al hombre.

Si lo deseas, puedes escribir y reescribir esta lista varios
días seguidos a medida que recibes en tu conciencia nuevas
revelaciones. Mantén la mente abierta y repite una y otra
vez: «Para Dios todo es posible»[11]. Pronto te darás cuenta de
que algunos elementos de tu lista que en cierto momento no
parecían más que sueños imposibles, bien pueden llegar a
ser parte de tu plan divino.

Consíguete el mejor instructor. Lee la enorme cantidad
de excelentes libros que se publican hoy día sobre cómo
establecer metas. No seas un alpinista solitario, que intenta
alcanzar la cumbre a solas. ¿Por qué pasar toda una vida
descubriendo lo que otros ya saben?

Léete algún libro que hable de vidas de santos. No puedes convertirte en un líder si no entiendes cómo se toman
decisiones y qué consecuencias han tenido ciertas decisiones
en la historia. Hay que estudiar las malas decisiones, no sólo

en nuestra vida, sino también en la historia de los hombres y de las naciones. Ten a mano un cuaderno para escribir en él todos los casos de la voluntad de Dios en acción en las vidas de los santos, de los grandes hombres y mujeres. Con ello, depositas estos pensamientos y estas ideas en la computadora de tu mente subconsciente; desde allí, y con el paso del tiempo, entrarán en tu mente consciente convertidas en ideas consistentes en cómo poner en acción tu plan divino.

Después de dedicar algún tiempo a poner tus metas por escrito, llega el momento de buscar dirección para saber cómo hacer realidad estas ideas en tu vida personal, en tu familia, en tu negocio y en todos los aspectos de tu vida.

### La novena al Gran Director Divino

Saint Germain nos ha dado un método conducente a descubrir cuál es la voluntad de Dios para nuestra vida y cuál es nuestro plan divino. Nos sugiere que le recemos al Gran Director Divino* y le pidamos dirección para nuestros asuntos. El Gran Director Divino es un maestro de gran logro espiritual que trabaja estrechamente con Saint Germain para traer la nueva era de Acuario. El Gran Director Divino envía grandes haces de luz desde su corazón y la ha cristalizado convirtiéndola en resplandecientes gemas de luz. Lleva estas gemas engarzadas en un cinturón que le llega hasta debajo de las rodillas; su mantra hace referencia a este cinturón azul.

El Gran Director Divino nos ha dicho que él guarda en su conciencia el pergamino del plan divino de todas las almas de este planeta y de mucho más lejos. Nos solicita que pidamos que esa memoria divina de nuestra alma sea traída a la manifestación exterior de acuerdo con el plan divino para cada uno de nosotros. Y también nos dice que, pidamos lo que pidamos, si es la voluntad de Dios, recibiremos la ayuda de ángeles del Gran Director Divino.

Comienza la novena sentándote ante tu escritorio, en un lugar donde no vayas a ser molestado. Toma una hoja en blanco y un bolígrafo, y, a modo de meditación sobre tu plan divino, visualiza una esfera blanca ante ti. (Invoca a tu Presencia YO SOY, al Gran Director Divino y a Saint Germain para que te ayuden a descubrir el plan divino de tu vida.)

Enciende una vela y deja que su llama sea un foco de la llama trina de amor, sabiduría y poder que arde en el altar de tu corazón. Ahora escribe de tu puño y letra en la página en blanco que tienes delante (y que simboliza la página en blanco que Dios te ha dado como el regalo de la vida) las metas que deseas alcanzar en esta vida.

Cuando estés satisfecho con la forma en que has escrito una serie de metas realistas, pero también idealistas, haz dos copias. Pon una entre las páginas de una Biblia y quema la otra con fuego físico. Se nos ha dicho que a medida que asciende el humo, los ángeles le llevan tu petición a los Señores del Karma* y al Gran Director Divino.

Con la mano izquierda sobre la Biblia, toma en la derecha el mantra de dirección divina (véase pág. 97) y recita esa oración catorce veces. Repite esto durante nueve o treinta y tres días. Cada día, al final de tu meditación y mantra, escribe en otra página en blanco los pensamientos de tu mente, los sentimientos de tu corazón.

Al hacer el mantra y la meditación, estás plantando, a niveles conscientes y subconscientes de tu ser, semillas de tu conciencia cósmica. Estas semillas germinarán; no te preocupes si en tu conciencia no recibes respuesta inmediata.

Mientras esperas con anticipación la manifestación de esta alquimia sagrada, no dejes de recitar decretos a la llama violeta para purificar tus cuatro cuerpos inferiores de todo residuo de karma personal y planetario. Sólo así puede aparecer con claridad la dirección divina.

Ahora, recita el siguiente mantra al Gran Director Divino; incluye en el preámbulo aquello para lo que pides dirección:

En el nombre de la Presencia de Dios, YO SOY en mí, y de mi Yo Crístico, invoco al Gran Director Divino y le pido dirección divina en mis asuntos, especialmente en

_____ .


1.   Gran Director Divino,
     séllame en tu rayo;
     ¡guíame al hogar
     por tu amor, te llamo!

Estribillo:
     ¡Protege mi mundo con tu cinturón,
     brillantes tus joyas preciosas
     con toda la esencia de tu oración
     rodean mi forma y me adornan!

2.   Haznos uno, protégenos
     como el radiante poder del sol;
     ¡haz que siempre viva libre
     ahora y por toda la eternidad!

3. Bendito Maestro R,
   cerca estás, lejos no;
   ¡con tu luz inúndanos,
   brillante estrella, poder de Dios!

4. Gran Director Divino,
   dame sabiduría pura;
   ¡tu poder cercano
   a resistir me ayuda!

5. Vierte tu luz sobre mí,
   ven, cúrame;
   ¡estandarte de los libres
   forma y moldea mi alma!

Y acepto este plan divino para mi vida manifestado de acuerdo con la voluntad de Dios. Amén.

Además de la novena al Gran Director Divino, si lo deseas, puedes adquirir el hábito de escribir, de vez en cuando, cartas a Dios. Ábrele tu corazón como lo harías con un amigo. Cuéntale tus esperanzas, tus sueños, tus frustraciones, todos los aspectos de tu vida cotidiana en los que quieres Su consejo. Escribe estas peticiones de tu puño y letra y quémalas en un lugar seguro, por ejemplo, una cacerola metálica o una chimenea. Y después, quédate tranquilo sabiendo que los ángeles le llevarán tus peticiones a Dios para que Él las atienda.

El maestro nos ha dicho: «Ten presente que no hay tarea en el universo que sea demasiado grande para tu Presencia Divina. No hay tarea en el universo que no pueda ser realizada con dignidad divina»[12].

### Pon tu plan en acción

El plan mejor pensado no es sino la mitad de la cuestión. Después de haber establecido firmemente tus metas, tienes que *actuar* y poner el plan en acción.

Emmanuel Kant, filósofo del siglo XVIII, pronunció el imperativo categórico: «Actúa como si tus acciones debieran ser adoptadas e imitadas por el mundo entero». Hazte la siguiente pregunta para decidir si tus acciones son las correctas: «¿Querría que toda la humanidad hiciera lo que yo estoy haciendo?»

El Morya nos da una fórmula para triunfar: «Actúa, aunque tengas un leve resquicio de duda dentro de ti, como si tuvieras fe completa, y pronto la obtendrás.»

Cuando recibimos una idea, se espera de nosotros que multipliquemos o ampliemos esa semilla de luz o esa idea que se nos ha ocurrido. Esto es parte del trato. Jesús dijo: «El que crea en mí, hará él también las obras que yo hago, y hará mayores aún, porque yo voy al Padre»[13]. Ahora tenemos a todos los maestros ascendidos para que nos ayuden en nuestras empresas: éste es el poder de la multiplicación del que habló Jesús. Por medio de esta multiplicación, *sí* podemos hacer las «obras mayores» de las que habla Jesús. La acción es el requisito supremo de la ley.

El maestro Pablo el Veneciano nos ha explicado: «La plenitud del amor no puede ser amor a menos que sea amor en acción. La contemplación del amor o la mera repetición de palabras pueden ocupar la imaginación, pero el amor en acción es la magnitud de un corazón unido a la mente y al alma»[14]. Un sabio dijo una vez que aunque la fe hace posibles todas las cosas, es el amor lo que hace que todo sea fácil.

*Sin amor no hay victoria. Sin amor, desde el principio se
sabe cuál va a ser el resultado final. Está señalado como fracaso.
Debes mirar a la vida de frente —a los hechos y a las realidades— y saber que es posible ganar, es posible fracasar. Y la clave
alquímica es el amor.*

*Hércules*

Podemos escuchar la melodía de la canción «Onward,
Christian Soldiers» («Adelante, soldados cristianos») para
atraer a nuestra vida la radiación de Hilarión, pues en sus
notas está contenida la clave de la Presencia Electrónica* del
maestro. Podemos sentir, hoy, el mismo fervor y entusiasmo
que hace siglos le permitió al apóstol Pablo inspirar a los
primeros cristianos a establecer la iglesia de Cristo en Asia
Menor y, con el tiempo, en todo el mundo conocido de
entonces. Jesús tenía un plan y Pablo lo puso en acción.

Hilarión nos infunde el valor necesario para cumplir
con nuestro plan divino con estas palabras: «Os digo, pues,
apóstoles del Altísimo, ¡a caminar! Lo que hace que tiem-
blen las rodillas es el cambio de campos energéticos, el cambio de botas. Digo: Arriba y a actuar: ¡izquierda, derecha,
izquierda, derecha! ¡Da otro paso! ¡Adelante! Descubrirás lo
que Dios quiere que hagas. No hace falta que te quedes
sentado pensando. Hay trabajo que hacer, trabajo en la acción del Espíritu Santo. Existe una alegría al servir que es la
verdadera hermandad y la verdadera comunidad. Averigua
lo que Dios quiere que averigües sobre ti mismo sumer-
giéndote en el gran flujo cósmico, el flujo continuo del
servicio»[15].

## ¿Qué me está impidiendo alcanzar mis metas?

Bien, ya he decidido cuáles son mis metas, las he puesto por escrito, he realizado una novena al Gran Director Divino, y he hecho todo lo posible por poner en práctica mi plan. Y, a pesar de todo, no parece que esté logrando mi sueño. ¿Qué anda mal? ¿Qué me falta en mis intentos de precipitación alquímica?

Quizá parte de la respuesta sería que todavía quedan hábitos persistentes que hay que superar, cosas negativas en tu mundo que hay que convertir en cosas positivas. O quizá todavía tienes que aprender la lección de la *paciencia*. Puede que aún no hayas pasado esa prueba.

La Madre María enseña: «Recuerda que en este mundo siempre debes tener en cuenta que en ocasiones la manifestación de Dios es, por necesidad, mitigada por las condiciones del tiempo y el espacio; en otros momentos, es posible la precipitación instantánea. Por consiguiente, espera lo inmediato, pero estate dispuesto a esperar con paciencia, y con autocontrol, para que se cumpla lo Divino dentro de ti.

»Cierto es que algunos santos del pasado se han perdido ciertas iniciaciones y han fallado pruebas debido a la impaciencia. Hay que poner a prueba tu paciencia, pues hay que poner también a prueba la fe, *moméntum* y dedicación que posees, de todas las formas posibles. La clave de la oportunidad es satisfacer la ley de tu ser. Hasta que se cumpla esa ley, no podemos abrirte el siguiente ciclo de logro.»[16]

En tu impaciencia por llegar a la meta, no intentes pasar por alto algunas iniciaciones. El Morya dice: «¡Qué fácil es que las personas demuestren paciencia cuando no hay nada que la ponga a prueba! Pero cuando surge algo que sí la pone a prueba, entonces la paciencia se va de paseo con los

abejorros y las mariposas que revolotean por algún prado»[17].
¡Qué gran verdad!

Nuestro psicólogo divino, Kuthumi*, nos aconseja: «Aspira a lo supremo, si así lo deseas, en tus meditaciones y en tus pensamientos; pero no te preocupes ni frustres porque un día en particular no ves realizado todo lo que buscas. El fruto está en el capullo de la aspiración, y si le damos tiempo de completar el ciclo, la Naturaleza pondrá el fruto a tus pies»[18].

También puede ser que estés pasando la iniciación de la constancia: seguir adelante sin detenerte aun cuando parezca que todo sale mal.

Y, como dijo Robert Burns hace tanto tiempo:

*Las mejores intrigas urdidas por hombres y ratones*
*en popa se reúnen para burlarse[19].*

Al principio, es fácil desalentarse cuando parece que las fechas programadas en nuestro plan se extravían. Quizá tenemos que pasar más iniciaciones antes de recibir nuestra victoria. Hasta puede suceder que traigamos de vidas pasadas el hábito de limitarnos y desalentarnos. Sucesos que hoy ni siquiera recordamos pueden haber formado un hábito de negatividad que debemos superar antes de lograr nuestra victoria.

Vencerás estas condiciones cuando puedas aquietar la mente y aceptar con plena fe que Dios puede actuar a través de ti para purificar tu mundo, que Él puede hacer de ti la plenitud de lo que desea que seas y de lo que tú mismo deseas ser. Éste es el momento de sosegarte y meditar sobre tu victoria, de repetir todos los versículos bíblicos que recuerdes, de hacer oraciones a la llama violeta y de rechazar todos los pensamientos no deseados de fracaso que inundan tu mente.

Es de gran ayuda recordar mantras sencillos como:

*«¡Oh, Dios, ayúdame!»*
*«Yo Soy un hijo de la luz.»*
*«Dios es mi victoria, victoria, victoria.»*
*«¡Quítate de mi vista, Satanás!»*[20]
*«Todo lo puedo en Aquel que me conforta.»*[21]
*«Basta ya; sabed que yo soy Dios.»*[22]
*«Yo soy un ser de fuego violeta.»*
*«Si Dios está por nosotros, ¿quién contra nosotros?»*[23]

Cuando estemos inmersos en la lucha, hemos de comprender que tenemos acceso al mecanismo que nos permitirá sobreponernos de forma inmediata. Pero primero tenemos que hacer el llamado para permitir que los maestros y los ángeles entren en nuestro mundo.

La recompensa de la fe y de la fidelidad es el entendimiento. Existe la posibilidad de que tu plan todavía no sea el correcto; o que no te hayas dado cuenta de que alguna de sus facetas aún está incompleta. Éste es el momento de volver a someter tus sueños a la voluntad de Dios y pedir la corrección o la realización de tus metas.

*¡Nada nuevo se hizo jamás*
*sin reunir el momento*
*y sin liberarlo con precisión!*
*Nada nació ni fue formado o creado,*
*nada nunca asumió forma ni resistió*
*el paso del tiempo y el golpear de los elementos*
*sin el sentimiento de designio,*
*ese propósito orientado que mueve la mano*

*la voluntad, la lengua, el ojo,*
*todo al unísono*
*para dar el salto que nos lleva a volar*
*y el impulso único del ojo de Dios*[24].

*Pablo el Veneciano*

### Pídele a Dios que te revele Su voluntad

Recordarás la historia de cómo yo había soñado con tener un nuevo estudio fotográfico y más tarde descubrí que iban a construir al lado de la casa la salida elevada de una autopista y un puesto de hamburguesas a 19 centavos. Quizá éste es el momento de que reconsideres tus planes, porque Dios puede tener reservado para ti —como lo tuvo para mí— algo mucho mejor de lo que eres capaz de imaginar.

El desapego es una cualidad muy necesaria para tu experimento alquímico. Tienes que ser flexible y dejarte llevar por las nuevas ideas que se te ocurran; al mismo tiempo, no debes abandonar tu meta final. Elizabeth Clare Prophet aclara esta cuestión con las siguientes palabras: «Siempre me ha parecido que Dios nunca deja de revelarse si le buscamos con persistencia. La respuesta a la pregunta: "¿cómo conocer la voluntad de Dios?" es, sencillamente: "pregunta". Pregúntale a Dios. "Dios, ¿cuál es tu voluntad para mí hoy?" Y cuando hayas preguntado, ocúpate de tus asuntos cotidianos y verás que en la alquimia del día, en su desarrollo, en la fusión de las fuerzas, en el movimiento de tu mente con la mente de Dios, Él revelará Su voluntad; no tanto con palabras expresas, sino con la acción de Su Espíritu en nosotros y a través de nosotros. Y esa voluntad es como una rosa abriéndose. Se abre como una espiral, y nuestra capacidad de entenderla es proporcional a nuestra sintonía con la mente divina y a si nos mantenemos activos, esforzándonos todos los días al máximo para Él, para nuestra familia y para nuestra comunidad.»[25]

> *La luz de la voluntad de Dios*
> *fluye siempre a través de mí;*
> *el flujo del propósito real*
> *ahora veo con claridad.*
> *¡Oh, resplandor blanco perlado,*
> *ordena que sean libres todos los seres vivos!*
>
> *El Morya*

### ¿Qué es la voluntad de Dios?

El Morya ha dedicado toda su vida a la voluntad de Dios y está perfectamente capacitado para responder a nuestra pregunta. Nos dice: «Hay tantos tipos de astucia de uso común en la Tierra hoy día, que el proceso de conocer la voluntad de Dios se torna a veces difícil. Por ejemplo, algunos interpretan que la pobreza es la voluntad de Dios; y hacen de sus vidas un ejemplo de sencillez absoluta. Otros consideran que la opulencia y la provisión abundante son la voluntad de Dios. En realidad, ninguno de los dos estados puede garantizarle al alma su victoria. Más bien, es el don del desapego lo que le permite al alma usar el imperio del universo en toda su plenitud o bien contentarse con cualquier entorno. Aquéllos que están en verdad iluminados son capaces de elevarse por encima de estados de ánimo o de expresión y de llegar al lugar donde se identifican con la totalidad de Dios.

»¿Por qué establecen los hombres una voluntad falsificada y dicen que es la suya? ¿Por qué de continuo entablan batalla entre la voluntad de Dios y "su" voluntad? En las respuestas a estas preguntas se encuentra la clave de la felicidad para todos los seres vivos. Cuando los hombres comprendan que no hace falta luchar para conseguir una existencia personal fuera de Dios (porque el hombre está completo en Dios) y que, en realidad, no existen dos voluntades —la humana y la divina—, sino tan sólo la voluntad de la verdad y la libertad, inherente al espíritu mismo de la Vida que es el espíritu de Dios, entonces alcanzarán un nuevo sentido de armonía y gracia.»

El Morya continúa: «"La voluntad de Dios es buena." La afirmación de esta frase infantil, una y otra vez, es una forma de aquietar la mente y de reducir el tono *in crescendo* de las emociones humanas.»

También nos dice: «El enigma de la vida está oculto dentro de la voluntad de Dios. Cuando se interpreta de forma correcta, proporciona el estímulo de todo propósito digno y recrea una pasión de vivir que muchos han perdido».

Nos preguntamos cómo podemos conocer la voluntad de Dios; Morya responde: «Éste es el grito de millones de personas. La buena voluntad del Padre es darte el reino. Los hombres pueden percibir la voluntad Eterna como la medida más plena del amor Eterno»[26].

Puedes repetir el mantra: «No mi voluntad, no mi voluntad, no mi voluntad, sino que se haga la tuya», una y otra vez hasta que tu voluntad consciente y subconsciente se una a la voluntad de Dios. Permite que este mantra impregne tu conciencia mientras conduces, lavas los platos o cuidas de tus hijos. Enséñales a recitar esta afirmación contigo. A los niños les encanta repetir mantras sencillos. Has de saber que miles de seres ascendidos están rezando contigo cuando dices: «Padre [...] no se haga mi voluntad, sino la tuya»[27].

Sin embargo, Morya enseña: «Aunque es voluntad de Dios que el hombre se sintonice con Él, al hombre corresponde reconocer que su responsabilidad exige búsqueda, disponibilidad y comprensión de las barreras creadas por él mismo que deben ser derribadas para que pueda brillar la claridad de la voluntad de Dios[28].

»Hay personas hoy en día que perciben fracaso en todo lo que vive —dice El Morya—. Esto es una inversión del principio de la vida misma. Porque sólo en la victoria puede manifestarse el espíritu y la esencia tal como Dios decretó. En el principio mismo, la arquitectura de todos los átomos, de todos los electrones, de todas las células y de todas las manifestaciones era victoria. Aunque es cierto que la errónea calificación ha hecho mella.»[29]

### La llama violeta

Es responsabilidad nuestra el cambiar esta mala calificación para que la voluntad de Dios pueda surgir como victoria total en la manifestación de nuestro plan divino. No conozco mejor forma de escapar a las limitaciones de nuestras vidas pasadas y de la presente que saturar nuestra conciencia con llama violeta. El maestro El Morya enseña: «Al comenzar a usar la llama violeta, experimentarás sentimientos de alegría, de ligereza, de esperanza y de novedad en la vida como si el sol de tu ser estuviera disolviendo las nubes de la depresión. Y la opresión de las oscurísimas y malsanas energías de la esclavitud humana se derrite, literalmente, en el fervoroso calor de los fuegos violetas de la libertad.

»La llama violeta perdona a medida que libera, consume a medida que transmuta, limpia los registros del karma pasado (saldando así las deudas con la vida), iguala el flujo de energía entre tú y otras corrientes de vida, y te impulsa a los brazos del Dios viviente. Día a día estás ascendiendo cada vez más por los planos de la conciencia de tu Yo Crístico al usar la acción de fricción de la llama violeta y sentir cómo son limpiadas hasta las paredes de tu cuerpo mental.

»Puedes imaginarte su acción en el cuerpo de los deseos como si tus emociones fueran remojadas en una solución química de líquido morado que disuelve la suciedad que se ha acumulado durante décadas en la celosía de tu mundo de los sentimientos.

»Todos los días y de todas las formas, la llama violeta limpia y renueva las células de tu cuerpo y el glóbulo de tu alma, puliendo la gema de la conciencia hasta que brilla a la luz del sol.»[30]

1.  Llama violeta atraviésame,
    con centro rosado manténme liberado.
    ¡Como una flor, se abre el amor;
    la sabiduría en acción emite poder de Dios!

Estribillo:
    Violeta, morado, rosa,
    Destella aquí para que pueda pensar
    «¡Dios está en mí, YO SOY libre
    ahora y por toda la eternidad!»

    ¡Violeta, morado, rosa,
    ayúdame ahora a beber

matiz eléctrico, destellando intenso
en todo lo que digo y hago y pienso!

2. Llama violeta, cura y eleva,
con centro rosado mi ser sella.
¡Aumenta el saber, fluye el amor
sabiduría en acción nos otorga Dios!

3. Llama violeta, asume el control,
con centro rosado destella tu rayo.
¡Revela lo real, poder del amor,
siento que Dios es sabiduría en acción!

### Hacia adelante pase lo que pase

Hay otra situación de la que todavía no hemos hablado y que puede retrasar u obstaculizar la precipitación de nuestro plan divino. Nuestro plan puede ser el correcto y puede que se ajuste a la voluntad divina, pero de repente nos estrellamos contra una pared de piedra, estamos bloqueados por completo; o al menos eso parece.

Éste es el momento de apretar los dientes, de mantenernos en nuestros trece y de *avanzar pase lo que pase,* si estamos convencidos de que nuestros planes tienen la aprobación divina. Yo llegué una vez a ese punto muerto en mis planes para la jubilación. Mi esposo y yo habíamos cerrado el estudio de fotografía y habíamos hecho planes para trabajar como parte del personal de Mark y Elizabeth Prophet en The Summit Lighthouse, en Santa Bárbara (California).

Mi anciano suegro había aceptado comprar nuestra casa y pagarnos en efectivo. Con esa suma podríamos liquidar todas nuestras deudas y comenzar una nueva vida. Un día, dos semanas antes de marcharnos, el Sr. Booth llegó a nuestra casa y dijo: «Esto es una tontería. Soy demasiado viejo para andar comprando casas».

En ese momento todo mi mundo se hizo añicos; todos nuestros planes, por los suelos. Subí a mi auto y fui al banco para ver si me concedían un préstamo, aunque sabía que no me iban a dar la cantidad que tenía prevista y que seguramente tendría que aceptar una segunda hipoteca. Era consciente de que debería estar decretando, pero me sentía tan destrozada que no era capaz de recordar una sola palabra.

Después de varios minutos presa de pánico, de repente escuché dentro de mi mente la tonada del decreto al tubo de luz. No sabía que los decretos tenían música. Este descenso de gracia me calmó lo suficiente como para permitirme rehacer mis planes.

Cuando regresé a casa, me estaba esperando una llamada telefónica de mi suegro. Me dijo: «Ven inmediatamente antes de que cambie de parecer. Llévame al banco y te daré tu dinero en efectivo ahora mismo»; créeme, no perdí ni un segundo. Creo que no nos damos cuenta de cuánto quiere Dios cuidarnos, sólo con que confiemos en Él.

El Morya dice: «Espera lo inesperado». Ello se aplica al dedillo en nuestros esfuerzos por precipitar alquímicamente. Nos dice: «Prepárate para toda eventualidad que puedas encontrar en el espectro de la conciencia cósmica en expansión. La voluntad de Dios está dentro de ti. Es tu patrón original interior; es el diseño del alma»[31].

Y entonces El Morya dijo una frase que nunca olvidaré: *El sendero ascendente bien merece todos los inconvenientes*.

Añadió: «No censures el hecho de que, por necesidad, tienes que cometer algunos errores, y no te quedes en el suelo cuando te caigas o tropieces. ¡Levántate de inmediato y sigue hacia adelante!».[32] Saint Germain afirma al respecto: «No dejes de levantarte una vez más de las que te caigas».

### El tubo de luz

El tubo de luz es la protección que Dios nos ha dado. Este tubo de luz desciende desde nuestra Presencia YO SOY (véase la gráfica de tu Yo Divino* en la página 58) en respuesta a nuestro llamado y nos protege veinticuatro horas al día, siempre y cuando permanezcamos en armonía.

Podemos visualizar este cilindro de brillante luz blanca a nuestro alrededor, un cilindro que comienza en nuestra Presencia YO SOY y se extiende hasta unos quince centímetros por debajo de nuestros pies.

Recita, nada más levantarte, este decreto que invoca la llama violeta y el tubo de luz y repítelo a lo largo del día cuando sientas energías negativas. Éste es el decreto cuyo canto escuché en mi mente y que me calmó cuando estaba turbada por la ruina de mis planes.

Memoriza este mantra y permite que resuene en tu mente durante tus momentos libres. Repítelo cientos y miles de veces para proteger tu experimento alquímico. Ésta es la gracia de Dios: que puede sostenernos y fortalecernos en los peores momentos y que puede llevarnos hacia la luz de la victoria final.

### Tubo de luz

Amada y radiante Presencia YO SOY,
séllame ahora en tu tubo de luz
de llama brillante maestra ascendida
ahora invocada en el nombre de Dios.
Que mantenga libre mi templo aquí
de toda discordia enviada a mí.

YO SOY quien invoca el fuego violeta,
para que arda y transmute todo deseo,
persistiendo en nombre de la libertad,
hasta que yo me una a la llama violeta. (recítese 3 veces)

### Jubilación

¿Has hecho un lugar en tu lista de metas a largo plazo para incluir la jubilación? Tienes que hacer planes inmediatos para tu vida, tu familia, los ingresos procedentes del trabajo y las múltiples facetas de una vida triunfante. Pero no te olvides de hacer planes desde ahora no sólo para disfrutar de tu jubilación, sino también para ser útil a los demás.

Como ya he contado, una vez encontré un papelito en una galletita de la suerte, de esas que reparten en los restaurantes chinos, el cual me asombró tanto que lo enmarqué y lo puse en mi escritorio. Decía: «Tu jubilación será tan productiva y constructiva como tu vida profesional». Tengo esta «frase de la suerte» en un lugar visible donde puedo verla muchas veces al día y pedirle a Dios que me ayude a que esa afirmación se convierta en realidad.

La jubilación puede ser un momento de excelentes oportunidades en el que hagamos lo que realmente nos gusta, cosas que no encontramos tiempo de hacer durante los ajetreados años de la vida. El Morya dijo que la jubilación es un momento de servicio porque los campos están blancos para la cosecha y los trabajadores son muy pocos.

Pon por escrito lo que *de verdad* te gustaría hacer cuando hayas terminado de criar a tus hijos, cuando puedas retirarte de tu negocio o profesión. Guárdalo en una parte especial y secreta de tu mente y pídele a Dios que te ayude a hacer realidad tus sueños en el momento adecuado. Sin embargo, estas ensoñaciones no deben interferir con tus obligaciones actuales, mantenlo en segundo plano mientras te ocupas de tu vida.

Espero con toda sinceridad que puedas disfrutar de tus años de jubilación tanto como yo estoy disfrutando de los míos.

### Haz planes para ascender

Serapis Bey*, el maestro del Templo de la Ascensión en Luxor (Egipto), nos dice que la ascensión* en la luz es la meta de todos los seres vivos del planeta. Por consiguiente, aunque este concepto nos resulte nuevo, deberíamos considerar que es un paso importante en nuestra búsqueda de un plan divino.

La muerte no es real; no tenemos el más leve resquicio de duda al respecto. La vida es real, ¡la vida universal y triunfante!

Por medio de la llama de la ascensión, nos unimos a nuestro Yo Crístico y después a Dios Padre. Entonces quedamos llenos de la luz del sol y no podemos seguir atados a la atracción gravitacional de la Tierra. En ese momento, trascendemos las limitaciones del tiempo y del espacio.

La ascensión es un regalo que Dios nos da. Lo recibimos más por su gracia que por nuestras obras, aunque ambos son necesarios. Serapis dice: «En realidad, el hombre es un espíritu flamígero que descendió a la forma física para dominar las condiciones y las pruebas de la vida cotidiana y de su yo inferior.»

Tienes que creer en que puedes ascender. Tienes que pedirlo; tienes que esforzarte por lograrlo; y tienes que aceptarlo como una realidad aquí y ahora, dependiendo del momento en que los Señores del Karma y tu Yo Superior y Yo Crístico deseen que asciendas. Porque la ascensión es el cumplimiento de la ley de Dios para todos los hombres.

La ascensión de Jesús es la matriz de la ascensión para todas las almas. La vida de Jesús estaba destinada a ser un ejemplo para nosotros, y estamos destinados a ascender como él hizo. Serapis Bey nos explica que el último enemigo al que hay que vencer es la muerte. La muerte es lo diametralmente opuesto a la espiral de la ascensión. Lo real es la vida, no la muerte. Jesús nos demostró que la muerte no existe. Él demostró que la vida —y no la muerte— es el estado natural del ser.

Cuando Jesús dijo: «El que crea en mí, hará él también las obras que yo hago, y hará mayores aún, porque yo voy al Padre»[33], esperaba que siguiéramos sus pasos. Éste es nuestro cometido, dado directamente por el Maestro: vencer las limitaciones de nuestros cuerpos y mundos físicos y ascender de regreso al Padre como él hizo, habiendo vencido tiempo y espacio. ¡Inmortales!

## Meditación
### para la manifestación de tu plan divino

*En el nombre del YO SOY EL QUE YO SOY, le doy la autoridad a mi Presencia YO SOY y Yo Crístico para que me entreguen ahora la gran esfera: la luz de fuego blanco y dorado de mi divinidad perfecta, mi imagen Crística, mi plan divino. Que descienda ahora. Que se manifieste en este campo energético.*

*Pido que la pureza original de mi vida esté presente en el vehículo etérico, mental, emocional y físico donde YO SOY. Te llamo, Arcángel Gabriel, y llamo a tus legiones de luz. Pon tu poderosa Presencia Electrónica sobre mi campo energético. Anuncia a todos los átomos, células y electrones de mi ser la perfección del patrón original interno, la perfección y la presencia de mi Yo Crístico.*

*Invoco a los benditos jerarcas de la luz. Invoco al amado Gabriel, invoco a la Madre María, al Señor Jesucristo, para que manifiesten la plenitud del moméntum del nacimiento del Niño Cristo donde YO SOY, el Hijo Varón Divino en mi corazón, como el núcleo de esa vida interior que ha de ser manifestada en esta vida.*

*Pido tener en la octava física la maestría Divina de mi logro Crístico y de mis virtudes Crísticas. Invoco la plenitud de todo lo que verdaderamente he de ser donde YO SOY. Pido que la realidad Divina del Espíritu Santo disipe toda irrealidad, me ubique en el rumbo adecuado y en mi misión para el cumplimiento del plan divino de la Tierra. Lo acepto hecho en esta hora en el nombre del Padre, del Hijo, del Espíritu Santo y de la Madre.*

*Amén[34].*

*Imagen 3. El Morya*

# 6

# *La alquimia de la precipitación*

¡Llegamos ahora a la parte divertida de nuestro experimento! Hemos trabajado con diligencia en los pasos preliminares de nuestra alquimia, y ya es hora de poner manos a la obra y hacer físicos nuestros deseos.

Ya hemos pedido, como Jesús nos instruyó. Hemos fortalecido nuestra fe en el hecho de que Dios nos ha ofrecido abundancia sólo con que la aceptemos. Comprendemos ahora que la verdadera prosperidad proviene del interior, que no está sujeta a los ciclos de recesión y depresión, y que las ideas, y no lo que sucede a nuestro alrededor, son la base de toda verdadera riqueza.

Estamos tratando de lograr el desapego, dejando que Dios en nosotros sea el hacedor; es una iniciación difícil, pero vamos progresando. Diariamente meditamos en el salmo 23 para eliminar de nuestras vidas todas las dudas y todos los miedos, y para reemplazarlos con fe en la abundancia de Dios.

Nos esforzamos todos los días por equilibrar nuestra llama trina y alinear nuestros cuatro cuerpos inferiores. Hemos entablado amistad con el elemental de nuestro cuerpo y él se ha convertido en nuestro aliado en los experimentos alquímicos. Hemos hecho un esfuerzo sincero por perdonar a todos los que nos hayan hecho daño alguna vez y hemos pedido perdón a todos a quienes hemos dañado... incluyendo la parte difícil, que es perdonarnos a nosotros mismos.

Hemos puesto el plan de nuestra vida por escrito y diariamente rezamos para que nos guíe la voluntad de Dios. Sin embargo, a medida que nuevos pensamientos inundan nuestra mente, vamos actualizando nuestros planes. Esto se está convirtiendo en un juego interesante mientras nosotros trabajamos con Dios y Él trabaja con nosotros. Hemos hecho una novena al Gran Director Divino pidiendo dirección divina en nuestras vidas, incluyendo planes para nuestra jubilación y nuestra ascensión.

Estamos comenzando a experimentar bendiciones en nuestra vida porque damos un diez por ciento de nuestros bienes como diezmo a la obra del Señor. Diariamente repetimos los numerosos versículos de las Sagradas Escrituras que nos enseñan la ley divina de la abundancia. Y también hemos aprendido de los beneficios que pueden inundar nuestras vidas al expresar gratitud, bendiciones y alabanzas.

Habiendo intentado con toda sinceridad prepararnos al máximo, ya estamos listos para pedirle a Saint Germain, nuestro maestro de la precipitación, que nos enseñe sus leyes de la alquimia divina.

> *Y mi Dios proveerá a todas vuestras necesidades con mag-*
> *nificencia, conforme a su riqueza, en Cristo Jesús[1].*
> *De Yahveh es la tierra y cuanto hay en ella, el orbe y los que*
> *en él habitan[2].*
> *Como dice la Escritura, [...]: lo que ni el ojo vio, ni el oído*
> *oyó, ni al corazón del hombre llegó, lo que Dios preparó*
> *para los que le aman[3].*
> *No os preocupéis del mañana: el mañana se preocupará de*
> *sí mismo[4].*
> *Pues ya sabe vuestro Padre celestial que tenéis necesidad de*
> *todo eso.*
> *Buscad primero su reino y su justicia, y todas esas cosas se os*
> *darán por añadidura[5].*

### Visualización e imaginación

El maestro Saint Germain nos dice que el uso de la visualización y la imaginación es esencial para precipitar a la forma nuestros deseos convirtiéndolos en su equivalente físico. La ciencia del concepto inmaculado la practican todos los ángeles del cielo. Es una ley, olvidada por la mente exterior, pero conocida en lo más recóndito de nuestro corazón. Se basa en visualizar una idea perfecta que se convierte entonces en un imán, el cual atrae las energías creativas del Espíritu Santo a fin de que manifiesten el patrón que sostenemos en nuestra mente. «Comienza hoy —dice Saint Germain— a caminar por el sendero que lleva a una resplandeciente vida de salud y felicidad.»

Saint Germain le dictó a Mark Prophet un libro sobre alquimia. En él dijo: «Al estar frente al altar, el lugar consagrado a la ciencia del cambio prodigioso, hemos de reconocer los rumbos que tenemos ante nosotros. Deberíamos elegir un curso de acción basado en el conocimiento supremo que recibamos. Decidimos lo que deseamos cambiar. Decidimos por qué necesita ser cambiado. Esto le otorga poder de motivación a nuestro experimento alquímico.

»Si deseas tener una apariencia más juvenil, tienes que visualizar que eso es exactamente lo que tienes. Si deseas tener más vitalidad, tienes que visualizar que ya tienes esa vitalidad: tus músculos, desbordantes de energía divina; tu mente, rebosante de ideas vitales, vibrante de vida, luz y amor. Has de sentir y saber que las energías de Dios brillan a través de las puntas de los dedos de tus manos y de tus pies, emanando al espacio el brillo de la salud abundante y de un rostro transfigurado.»

Saint Germain continúa: «Cada vez que los individuos tienen un fracaso y se lamentan por ello, cada vez que tienen un problema y se afligen por ello en lugar de confiárselo al Padre; cada vez que las personas toman a mal sus problemas y no los ven como el regreso del karma o como una prueba, sino como un acto de la Deidad a quien ellos desafían, están acumulando en su mundo frustración, resentimiento, ansiedad y confusión. Y esas acumulaciones de hábito atraen a su puerta las condiciones negativas del mundo exterior»[6].

### Naciste para ganar

«Naciste para ganar —dice Saint Germain—, y lo digo para contrarrestar la mentira que dice que el hombre "nació para perder". Si pronuncias la afirmación: "¡He nacido para ganar!" como un acto de fe suprema, ello vencerá a la conciencia mundana del fracaso, un letal peso de pecado, si alguna vez vi uno.

»No importa los problemas que hayas afrontado, porque incluso las circunstancias más extremas cederán ante el poderoso campo energético de potencia Divina que se creará por medio de tu práctica de la alquimia espiritual. Pero, ¿por qué debería atraer el hombre las energías de Dios para su experimento y creación alquímicos cuando su propio mundo todavía está lleno de las creaciones erróneas de la mente de las masas y de la mala hierba que ahogarán sus esfuerzos y destruirán los buenos frutos?»

Creo que la mayoría de nosotros somos conscientes de cuál es la «mala hierba de nuestro jardín» de la que habla el maestro. Pero por si acaso no estamos al tanto de cuáles son las influencias negativas que impiden la manifestación alquímica, el maestro concreta:

«La presencia o la ausencia de ciertos factores puede o bien alargar o bien acortar el tiempo de la precipitación, aunque todos los demás componentes estén en regla. Por consiguiente, cuando se sabe cuáles son esos factores, pueden ser eliminados sistemáticamente con el fin de acortar el tiempo de la manifestación. Los principales frenos a la precipitación que deben ser reconocidos son: 1º) desarmonía en el mundo de los sentimientos, 2º) sensación de soledad o abandono, y 3º) sensación de pequeñez o inseguridad y de duda.»[7]

## *Ansiedad*

«Aunque parezca extraño, las manifestaciones más negativas, entre ellas el terrible pecado del masoquismo, nacen de la ansiedad», enseña el maestro.

«La ansiedad es una gran deformación de la vida. Tergiversa la perspectiva sin producir ningún beneficio aparente. La ansiedad es la causa de la tendencia que tienen las personas a acumular los bienes de este mundo; como frenéticas ardillas acopian la provisión de nueces para el invierno. Acumulan un exceso de todos los artículos imaginables, y sus preocupaciones injustificadas y su innecesaria preparación para cualquier eventualidad —que tanto tiempo requieren— les privan de la felicidad.

»La ansiedad nace de la falta de fe en los propósitos supremos de la vida. Las experiencias difíciles que les suceden a muchos durante la infancia o en años posteriores, creando tensiones y zozobra y produciendo el fruto de la amargura, han impedido que desarrollen el refinado espíritu que les permitiría deshacerse de sus ansiedades.

»En realidad, las lecciones que Jesús enseñó sobre los atentos cuidados de Dios para con el hombre y la naturaleza, deberían darles a todos el entendimiento que curará su inseguridad, su ansiedad y su dolor personal en relación a la mente y al yo. Esta curación la produce la irresistible radiación de la cariñosa preocupación que Dios tiene por todos los hombres.»[8]

Muchas personas tienen miedo a la vida abundante, creen que no son dignas de tenerla. Ello, en su mayor parte, ha quedado sepultado en las profundidades de la mente subconsciente a lo largo de muchas vidas en las que hemos sido monjas y monjes en monasterios, durante la Edad Media;

vidas en las que continuamente nos decíamos que éramos miserables pecadores y, como castigo, nos flagelábamos. Las austeridades, que incluían el ayuno con pan y agua, así como repudiar el cuerpo, han dejado capas de negación acumulada en nuestro cinturón electrónico. Ello debe ser transmutado por la llama violeta antes de poder aceptar libremente las riquezas de Dios que nos son ofrecidas en esta aurora de la era de Acuario.

### Dios está donde tú estás

Pero, para que hablar extensamente de nuestras imperfecciones no nos haga adoptar una actitud negativa, Ciclopea[*] nos da unas palabras de aliento: «Tienes que levantar la cabeza, el corazón, las manos, hacia Dios y saber que no estás confinado a la carne y a los huesos, al barro. Eres un rayo de poder, vida y amor omnipotentes, y el emparrado de la sabiduría es la gran rama de la vida que se inclina bajo el peso de la eterna cosecha del Cuerpo Causal de Dios mismo»[9].

Estoy segura de que todos sabemos estas verdades de manera intelectual, pero practicarlas cuando la vida nos golpea con sus tormentas es un asunto bastante diferente. El Dios Armonía[*] nos da algo sobre lo que meditar a la vez que comparte con nosotros un momento de su victoria:

«Amado corazón, vengo a ti en este día para decirte una sencilla verdad: que lo único que te separa de Dios es no reconocer que no hay ninguna diferencia entre tú y Él, que Dios está donde tú estás. Una cosa es saber intelectualmente que esto es verdad; otra es sentirlo con la totalidad del ser, borrar de la memoria el registro de toda desviación de esta verdad, invocar que los átomos, células y moléculas desechen los patrones de una conciencia limitada. Pero yo estuve listo para hacer esto, porque estaba listo para encontrarme con mi Dios. Y tú también deberías estar preparado para ello.»[10]

Tenemos que escribir la siguiente afirmación en una tarjeta y ponerla en el espejo o bien enmarcarla y ponerla en el escritorio para meditar en ella muchas veces al día hasta que esta verdad esté tan firmemente consolidada en nuestra mente y en nuestras emociones que nada pueda perturbarnos.

*Dios está donde YO SOY:*
*lo único que me separa de*
*Dios es no reconocer que*
*no hay ninguna diferencia entre*
*Dios y yo.*

Adquiere el hábito de escribir afirmaciones y leerlas con frecuencia. Éste es uno de los métodos más rápidos y seguros de adquirir el control sobre tu mente subconsciente y demostrarle que tu búsqueda de abundancia *inmediata* va en serio.

El Señor Lanto* declara esta verdad en forma ligeramente diferente: «Que los hombres entiendan que la vida abundante debe manifestarse en el mundo del individuo con la misma naturalidad con que se abre una flor, una vez que ha desarrollado la sintonía con la Mente de Cristo. Porque el Cristo actúa como mediador y le atribuye la justicia que es la voluntad del Padre.»[11]

Recordarás que cuando hablamos del alineamiento de los cuatro cuerpos inferiores, dijimos que eran como coladores cuyos agujeros tenían que estar alineados. Si los «agujeros» no lo están, no estamos funcionando con todo nuestro potencial Divino. Elizabeth Clare Prophet lleva este símil más allá e incluye nuestro alineamiento con la voluntad de Dios.

Ella enseña que la voluntad de Dios es poder. Dice que cuando estamos alineados con la voluntad de Dios, es como tener dos coladores. Nosotros somos uno, Dios es el otro. Ponemos los dos juntos, alineamos los agujeros, y entonces la energía cósmica del universo pasa por esos agujeros, y nos encontramos literalmente cargados y desbordantes de energía divina. En cuanto estamos fuera de alineamiento con la voluntad divina, es como si nuestro colador se hubiera movido; el flujo está completamente bloqueado y no sabemos qué hacer con nuestra vida. Si nos encontramos en el apuro de no saber qué camino tomar, tenemos que detenernos por un momento, quizá durante un día o incluso más, y decir: «Si realmente no tengo en mi vida la satisfacción que estoy buscando, tiene que ser por este factor: en algún lugar me he desalineado de la voluntad de Dios»[12].

La Sra. Prophet dice: «Las cosas empiezan a suceder cuando decidimos que la voluntad de Dios es el centro de nuestra vida. La cuestión es que en el momento en que decimos: "Hágase Tu voluntad, no la mía", comprendiendo por completo que tenemos el libre albedrío de aceptar o rechazar la voluntad de Dios, entonces comprendemos que eso es lo que están esperando los maestros ascendidos. Cuando aceptamos la voluntad de Dios como Jesús hizo en Getsemaní, inmediatamente viene a servirnos un ángel, igual que le sucedió a él. Estos ángeles son "ángulos" de la conciencia de Dios personificados en los maestros ascendidos»[13].

Es un poco como la historia del niño que tenía panes y peces. En las manos de Jesús, la comida se multiplica y hay alimento para cinco mil personas. En las manos del devoto, el alquimista, el verdadero siervo de Dios, la esperanza se convierte en el vehículo de expresión de su fe y en la amplificación de su caridad al unirse con la caridad universal de Dios en el corazón del Padre de Todo.

### Los pasos de Saint Germain para la precipitación alquímica

Te recomiendo que leas el libro *Saint Germain: de alquimia*, recibido por Mark L. Prophet y Elizabeth Clare Prophet. En él, Saint Germain revela la antigua sabiduría de los alquimistas y el conocimiento de la vida y la muerte en otras octavas. Nos da instrucciones graduales sobre la precipitación —directa e indirecta— de objetos visibles y tangibles. Explica los métodos de la visualización y cómo adquirir los talentos necesarios para cumplir con nuestra misión.

Durante el siglo XVIII, Saint Germain fue conocido como el Hombre Prodigio de Europa. En este libro encontrarás una fascinante biografía de este adepto que narra sus relaciones con la realeza europea y sus intentos de evitar los horrores de la Revolución Francesa. Entre sus hazañas alquímicas se encontraba la de convertir el plomo en oro; hoy él nos enseña a convertir la conciencia humana en el oro de la conciencia Crística.

En su libro sobre alquimia, Saint Germain nos da instrucciones detalladas sobre cómo precipitar, pero aquí sólo puedo reseñar los pasos que él indica. Espero que te hagas con el libro para tener la visión completa de lo que aquí expongo. Saint Germain dice:

1º) «¡La luz es la clave alquímica! Las palabras "¡Hágase la luz!"[14] son el primer fíat de la creación y el primer paso en nuestro intento de precipitar.

»Crea un patrón o diseño mental del objeto que deseas producir. En él deberías incluir con imágenes el tamaño concreto, las proporciones, la sustancia, la densidad, el color y la cualidad de forma detallada.

2º) »Cuando esté completa la visualización del patrón dentro de tu mente, deberías terminarla por completo. Las palabras: "¡Consumado está!" son el segundo fíat de la creación después de "¡Hágase la luz!"

3º) »La tercera regla para proteger tu intento creativo es que «no se lo digas a nadie». No estás cerrándole la puerta a mejorar tu plan, tan sólo lo estás protegiendo de la intrusión de mentes negativas que podrían obstaculizar tu progreso.

4º) »Dale a tu Mente Superior o Yo Crístico, la responsabilidad de diseñar y perfeccionar las ideas embrionarias y los patrones de tu creación. Usa tu Mente Superior como aprendiz y como instructora, pues ella está activa las veinticuatro horas del día en otras dimensiones.

5º) »Decide dónde deseas que se manifieste el objeto después de haber diseñado la matriz mental.

6º) »Si conoces la sustancia material de la que está compuesto el objeto, memoriza su patrón atómico. En caso contrario, pídele a la Inteligencia Divina de tu Mente Superior que tome el patrón de la Inteligencia Universal y lo grabe en tu mente y en tu cuerpo de la memoria.

7º) »Pide que la luz asuma el patrón atómico que estás sosteniendo, que se aglomere alrededor de este patrón, y que entonces se "densifique" a la forma.

8º) »Invoca la multiplicación de esa estructura atómica hasta que las moléculas de la sustancia comiencen a llenar el vacío y ocupen el espacio en el que deseas que aparezca el objeto.

9º) »Cuando todo el bosquejo esté lleno de la acción vibratoria de la sustancia cuatridimensional que representa la manifestación deseada, pide que la densidad atómica sea bajada a la forma y sustancia tridimensional dentro del patrón establecido por la matriz de tu mente.

10º) »Espera resultados.»[15]

Saint Germain nos dice que no nos pongamos nerviosos si la manifestación no es inmediata o si después de un tiempo razonable parece que los resultados no se producen. Hemos pasado miles de años con patrones de pensamientos negativos y no podemos esperar transmutarlos en un instante, aunque lo estemos intentando con toda sinceridad. Si no tiene lugar una precipitación directa, tu experimento alquímico puede, no obstante, tener éxito por métodos indirectos. (Puede que tus deseos se hagan realidad por medio de las acciones de otra persona.)

Éste es el momento de usar los mantras de llama violeta para la transmutación, así como los llamados de llama azul al Arcángel Miguel y sus ángeles de protección para que aislen del fracaso nuestros intentos alquímicos. La desesperación destruye la fe que es vital para el éxito de nuestro experimento. Intenta mantener una actitud mental positiva mientras esperas resultados.

Podemos lograrlo si lo *intentamos*. Saint Germain dice que la fórmula sagrada del alquimista es:

*Theos* = Dios
*Rule* (regla) = Ley
*You* (tú) = Ser
Theos + Rule + You = la ley de Dios
activa como Principio dentro de tu ser.
T R Y (INTENTAR)[16]

Encontrarás instrucciones más completas sobre la precipitación en el libro de Saint Germain sobre la alquimia (véase la bibliografía), pero mientras tanto puede que desees poner a prueba otro método para producir abundancia en tu mundo: el mapa del tesoro. Ésta es una manera divertida de ver cómo se hacen realidad los deseos de tu corazón.

### El mapa del tesoro: magia del ojo

Una manera eficaz (y además, divertida) de pedirle a Dios que satisfaga nuestras necesidades es crear un mapa del tesoro. En Unity dicen que hacer un mapa del tesoro es «rezar con imágenes»; en el vocabulario de las enseñanzas de los maestros ascendidos lo llamaríamos visualización. Un mapa del tesoro es una representación gráfica de lo que queremos. Al poner en un pedazo de papel imágenes de nuestros deseos, visualizamos y aceptamos nuestra meta *ahora*.

Siempre estamos creando por medio de la visualización, para bien o para mal. Pero al dirigir deliberadamente nuestra imaginación hacia lo que queremos, podemos comenzar a transformar nuestras finanzas, nuestra salud, nuestra felicidad, todos los aspectos de nuestra vida.

Cualquier imagen que mantengamos en la mente con firmeza, a la fuerza tiene que manifestarse, si es la voluntad de Dios. Ésta es una gran ley universal, una ley inalterable. Cuando cooperamos de manera inteligente con esta ley, podemos convertirnos en maestros de nuestro entorno. Por lo tanto, usando conscientemente nuestra imaginación, dirigiéndola de forma positiva, podemos producir cambios maravillosos en nuestro cuerpo y en todas las áreas de nuestra vida.

Haz una lista de sueños que quieras ver convertidos en realidad en todas las áreas de tu vida: las finanzas, las relaciones en el hogar y con los amigos, los planes de negocios, planes para el futuro, lo que vas a hacer para Dios.

Debemos ser concretos en nuestras peticiones y tener una imagen mental clara de lo que queremos. No podemos decretar sin rumbo fijo; tenemos que decretar directamente al ojo de Dios para materializar nuestra visualización en la materia concreta.

Si no tenemos ningún deseo en particular, si no concentramos nuestros decretos en algo determinado y sólo invocamos la voluntad de Dios, nuestros esfuerzos rendirán resultados mucho menores que si le rezamos fervorosamente a Saint Germain, seguimos los métodos de su curso de alquimia y hacemos un plan gradual de lo que queremos manifestar. No limites tus sueños, por imposibles que parezcan, porque es Dios quien los hará realidad usando su provisión universal.

Robert Collier en su libro *Riches Within Your Reach* («Riquezas a tu alcance»)[17] usa la historia de la creación del primer capítulo del Génesis como un ejemplo de la manifestación de la alquimia de Dios. Describe los siete días de la creación como una matriz para la precipitación. Dios establece la matriz etérica como una red gigantesca, y cuando dice: «¡Hágase la luz!»[18], la luz se hace. La luz salió de Alfa y de Omega y se manifestó de acuerdo con la forma que asumió —un árbol, un pájaro— al pasar por la red, la imagen, la matriz, el molde de la mente de Dios.

Cuando hacemos un mapa del tesoro, lo primero es crear la imagen mental de lo que queremos producir en el plano físico. Una vez que sabemos en nuestra mente la apariencia que tiene, tenemos que crear una imagen precisa en papel para poder contemplarla repetidamente. Podemos dibujarla, pintarla, fotografiarla o recortar fotos de revistas o periódicos. (En la siguiente sección explicaremos en profundidad cómo hacer un mapa del tesoro.) Estas imágenes se convierten en la rejilla a través de la cual Dios puede enviar su luz y manifestar tus deseos según Su voluntad.

Con estas imágenes concretas de nuestros deseos, practicamos la ciencia de la creación, que es la ciencia de la repetición. Las contemplamos con regularidad, especialmente en los momentos más receptivos de nuestra conciencia, es decir, cuando la mente subconsciente predomina más que la consciente: justo antes de dormirnos por la noche y justo al despertarnos por la mañana. Al meditar en las imágenes de nuestros deseos, tenemos que creer que nuestras peticiones están siendo cumplidas *en este momento.* La fe es un elemento esencial para precipitar algo de lo invisible al reino visible.

Un error que a menudo cometemos es esperar a tener todo lo necesario para realizar nuestra meta. En lugar de eso, comienza ahora mismo a usar cualquier elemento de tu plan que se presente, y a medida que se te ocurran ideas adicionales, incorpóralas a la meta final. En cuanto se manifieste una parte del plan, dale gracias a Dios de inmediato y ponla instantáneamente en acción, aunque todavía estés esperando con ansias la manifestación completa. No tengas miedo de actualizar y modificar tus planes con las ideas que se te ocurran.

Hace falta concentración, imaginación y visualización. Tienes que caminar, vivir y respirar tu alquimia. Tienes que tener un *deseo ardiente.* ¿De verdad te lo estás tomando en serio? En ese caso, con toda seguridad vas a tener éxito si has limpiado de tu mundo todo lo negativo que pueda interferir en tu precipitación. Una vez que envías a los éteres tu deseo para que sea llenado de la sustancia universal de Dios, has de tener absoluta fe en los resultados.

Existe desde el Espíritu hacia la Materia una corriente de energía en forma de ocho. La energía espiritual desciende a través del nexo de tu Mente Crística hacia la manifestación espiritual. Y esos átomos y electrones están constantemente fluyendo entre el Espíritu y la Materia, en ambos sentidos. Continuamente estás vitalizando tu materialización con luz y energía divina. Al usar con sabiduría los dones que Dios nos ha dado, los multiplicamos.

Una vez más, hay un paralelismo entre la precipitación y nuestros cuatro cuerpos inferiores. El etérico se corresponde con la matriz. La bajamos al mental. Del mental tiene que bajar al cuerpo de los deseos y del deseo a lo físico. Para que esto suceda hay etapas de deseo sucesivas. Tenemos que desear la matriz etérica y, por lo tanto, tenemos que trabajar con la mente para recibirla y formarla. La matriz mental tiene que ser cubierta con el deseo emocional. El deseo emocional se convierte así en el imán de lo etérico y lo mental. Entonces el cuerpo de los deseos lo vierte en el cáliz de lo físico, pues lo físico está en alineación con el estado absoluto de la Mente Universal de Dios.

### Cómo hacer el mapa del tesoro

Recuerda que un mapa del tesoro es un foco concreto de tus sueños, deseos y esperanzas más excelsos. Así que no limites tu imaginación, porque lo que vas a usar para satisfacer tus necesidades es la Fuente Universal de la abundancia.

Dios no tiene limitaciones, lo único que nos obstaculiza es nuestra percepción humana de limitación.

Tenemos que despejar nuestra mente del pensamiento que declara que elaborar una bonita imagen no es más que una tontería. No es una tontería, en absoluto. Con toda seriedad, estamos participando con Dios como socio.

Los mapas del tesoro pueden tener la forma que más te guste. Es una carta personal que le escribes a Dios. Los mapas pueden tener cualquier forma o tamaño mientras despierten tu imaginación; para objetivos personales puedes usar, si lo prefieres, un cuaderno. No importa lo sencillo o elaborado que hagas el mapa: es un punto que te sirve para concentrarte en tus metas, siempre de acuerdo con la voluntad de Dios.

1º) Comienza con una cartulina grande. Si el asunto se refiere a finanzas, lo mejor es que sea de color dorado o verde; si vas a ocuparte de asuntos familiares, el rosa nos evoca el amor divino; si todavía no estás seguro de la totalidad de tu plan divino, el azul es un símbolo del poder y la voluntad de Dios. Usa imágenes a color, no en blanco y negro, ya que la imaginación responde al color con mayor rapidez.

2º) Pon en el centro del mapa una imagen de algo que represente para ti el origen de todo lo bueno —una imagen de Jesús, una iglesia, un maestro ascendido—, cualquier cosa que te recuerde que Dios es el único lugar en el que deberías buscar tu provisión. A mí me gusta poner en el centro del mapa la imagen de Jesús como buen pastor. Es para mí un recuerdo gráfico de que el Señor «es mi pastor, nada me falta»[19].

El mapa siempre ha de tener palabras: afirmaciones YO SOY, versículos bíblicos, citas que tengan un especial significado para ti. Yo siempre incluyo el salmo veintitrés como muestra de que creo con fe que Dios siempre provee. No dejes de incluir afirmaciones que expresen gratitud por las bendiciones que esperes recibir.

Si el mapa tiene que ver con las finanzas, asegúrate de poner algo de dinero y algunas cifras. Pon cheques a tu nombre con cantidades concretas que vas a necesitar para lograr cierta meta: ¡todo lo que haga que tu imaginación comprenda que puedes triunfar y que con Dios todo es posible![20]

3º) Puedes hacer un mapa para una sección de tu vida o hacer uno que incluya todos tus deseos. Lo mejor, sin embargo, es no atestarlo de demasiadas imágenes, afirmaciones, etcétera. Si te estás ocupando de varias secciones de tu vida, haz varios mapas. Algunas veces se obtienen mejores resultados con un cuaderno si dedicas una página a cada meta por separado. También puedes hacer un mapa de gran tamaño y dividirlo en secciones.

4º) Cuando pongas imágenes y afirmaciones en el mapa, hazlo de forma detallada. Concreta la cantidad, el tamaño, la dimensión, el color, el lugar, las fechas límite de tus deseos. No te olvides de incluir la fecha en la que quieres que se hagan realidad tus sueños. Los ángeles que te van a ayudar a hacerlo, necesitan instrucciones detalladas y precisas de la imagen que tienes en mente.

Mantén tu conciencia sintonizada con lo positivo. No hay nada mágico en conseguir lo que visualizas, si se ajusta a la voluntad divina. Hay una ley que dictamina que el hombre puede hacer todo lo que imagine que puede hacer.

5º) Para comenzar el movimiento, incluye una frase que hable de dar y de recibir. ¿Qué estás dispuesto a darle a Dios a cambio de Sus bendiciones? Si no damos de nosotros mismos, reprimimos la corriente de la abundancia de Dios y nos quedamos estancados, como un río sin salida.

6º) Dedícale a Dios tu mapa del tesoro. Recuerdo que al principio de mis estudios sobre la abundancia, cuando estaba intentando obtener prosperidad, me sentí un poco preocupada la primera vez que oí hablar del mapa del tesoro. Me parecía que yo le estaba diciendo a Dios lo que tenía que hacer. (Esto fue antes de conocer a Mark y Elizabeth Prophet y a los maestros ascendidos.)

Estaba tan preocupada que llamé a Silent Unity, el grupo de oración de la iglesia Unity, y les conté mi inquietud. «Puede que Dios tenga previsto para mí algo mejor de lo que le pido. ¿Cómo sé que no estoy haciendo caso omiso de mi verdadera meta al hacer el mapa del tesoro?»

El pastor se quedó pensativo por unos momentos y luego respondió: «¿Te sentirías mejor si pusieras en la parte de abajo del mapa la frase "esto o algo mejor, Padre; hágase tu bien divino"?» Ésa era la respuesta que estaba buscando, el eslabón perdido, por llamarlo de alguna manera, de cómo hacer un mapa del tesoro. Desde ese día siempre he incluido esa frase en el mapa.

7º) La Gran Hermandad Blanca* tiene un lema que reza: «Saber, osar, hacer y guardar silencio». Deseo hacer especial hincapié en la importancia de mantener sellada tu alquimia y tu visualización. A menos que tu mapa esté hecho para un grupo o para una organización, mantenlo en privado donde sólo tú puedas verlo. Si le confías a alguien tus metas, esa persona puede tener celos o envidia y proyectar hacia ti todo tipo de pensamientos negativos que pueden destruir la alquimia. Has entrado en sociedad secreta y privada con Dios.

Saint Germain, en sus pasos para la precipitación, subraya la importancia del secreto cuando dice: «¡No se lo digas a nadie!» No le enseñes el mapa a nadie ni hables de él con nadie, salvo que varias personas trabajen juntas en la consecución de una meta común. No pongas el mapa en un lugar donde algún cínico pueda verlo.

8º) Dedica algo de tiempo todos los días para meditar en silencio sobre el mapa. La concentración acelera la manifestación de la creación. Como ya he dicho, temprano por la mañana y justo antes de acostarte son los mejores momentos ya que en ellos tu conciencia está en estado receptivo. La repetición reviste gran importancia para convencer a tu mente subconsciente de que sea tu aliada en el proyecto.

9º) No intentes decidir *cómo* se van a manifestar tus deseos. Eso le corresponde a tu Presencia YO SOY; ésa es la parte que Dios hace. Simplemente entrégale tus peticiones y espera con plena fe que se presente, según su voluntad, el resultado deseado. De Dios depende decidir cómo y cuándo serán satisfechos tus deseos.

10º) Deberías imaginarte en todo momento algo mejor que lo mejor que estés experimentando en este momento. El poder de la imaginación siempre está activo, ya sea constructiva o destructivamente. De ti depende cómo usar este don divino. Puede que creas que tu vida en su estado actual es satisfactoria y no ves razón alguna para hacer un mapa del tesoro. Pero sea como sea tu vida actual, siempre hay esperanza de tener más salud, riqueza y felicidad, si sigues fielmente las reglas de la alquimia divina.

11º) En la medida de lo necesario y según cambien las circunstancias, actualiza el mapa. Aunque no tengas hoy el tiempo de hacer un mapa del tesoro completo, al menos puedes tener un tablón de anuncios o algún tipo de panel. Cuando encuentres las imágenes adecuadas, ponlas en el tablón y en algún momento futuro organízalas y forma un mapa del tesoro completo.

12º) Y para terminar... *¡paciencia!* El tiempo de Dios no es el tiempo del hombre. Simplemente da gracias por lo que ya tienes y ten la seguridad de que en el momento adecuado tus deseos se pueden hacer realidad de forma súbita, quizá cuando menos lo esperes, siempre y cuando le hayas entregado tus peticiones a Dios y le hayas pedido que las realice de acuerdo con Su voluntad.

Continúa haciendo mantras y afirmaciones a la llama violeta para transmutar cualquier karma que pueda surgir y obstaculizar tu precipitación.

### Escríbele una carta a Dios

Tengo otra sugerencia. Si crees que hacer un mapa del tesoro no va con tu personalidad, entonces habla con Dios, escríbele cartas. Háblale de tus necesidades como lo harías con un padre al que amas y que te ama. Describe con detalles concretos lo que quieres. Dale las gracias por Su amoroso cuidado y dile que sabes que Él siempre satisface tus necesidades. Pregúntale cuál es Su voluntad para tu vida.

Crea el hábito de escribir, de tu puño y letra, cartas a Dios y a los maestros ascendidos. Quémalas en un lugar seguro, por ejemplo, la chimenea o un recipiente metálico, y ten la certeza de que a medida que sube el humo, los ángeles llevan tus peticiones al cielo.

Yo sé por experiencia personal que los mapas del tesoro dan resultado. Lo he comprobado muchas veces en mi vida y en las organizaciones a las que he pertenecido. Espero con toda sinceridad que ensayes este método de orar con imágenes. Pero, si te sigues sintiendo incómodo haciendo un mapa del tesoro, entonces adquiere el hábito de escribirle a Dios y de hablar con él. Haz de Dios tu mejor amigo.

### Obstáculos a la precipitación

Antes de dejar el tema de la precipitación alquímica, tenemos que investigar otros factores, además de la visualización y la actitud mental positiva. El Gran Director Divino tiene información vital acerca de por qué nuestros decretos a veces no se manifiestan con la rapidez que deseamos:

«Los hombres muchas veces han observado que en ciclos periódicos se sienten inspirados y luego parece como si una fuerte corriente los arrastrara, sufriendo los estragos de la inercia y de la falta de voluntad. Busquemos la razón del problema así como su solución. Con mucha frecuencia las personas intentan encontrar *un solo malo en la película* —una causa para cada efecto— cuando puede que en la raíz del problema se encuentren una multitud de causas diminutas o bien una, dos o más causas de gran magnitud.

»Podríamos hablar durante largo tiempo de los muchos aspectos de este tema, pero creo que cada corriente de vida tiene una historia que contar y es, quizá, innecesario que lo ilustre con un exceso de ejemplos similares. Hay un factor cardinal del que me gustaría hablar brevemente; se trata de la percepción del peso kármico que hace que el individuo, reconociendo en sí mismo los rasgos indeseables que trae de encarnaciones y manifestaciones del pasado, se sienta sin la posibilidad de cambiar con la rapidez necesaria para obtener su victoria aquí y ahora. Por consiguiente, posterga de manera indefinida cualquier intento de corregirse. A primera vista, desde el ámbito humano, este argumento parece contener algún valor pragmático; pero poniéndolo en franca relación con el plan divino, es la más débil de todas las excusas.»[21]

### Dilación

El Morya habla de una razón importante por la que hay problemas en nuestro mundo. Él dice que dejarlo todo para «mañana» es la *enfermedad de la dilación*. Expone:

«Te digo que, desde el día en que te marchaste, el Padre ha estado dispuesto a darte la victoria. Al igual que tú, también nosotros hemos perdido el tiempo en el pasado y nos hemos retrasado. Pero la enfermedad de la dilación, como he dicho en anteriores ocasiones, es una enfermedad que le produce a la humanidad dolor y sufrimiento innecesarios. Porque el sol siempre está por encima del girasol, y si la flor no sigue al sol desde el principio del día hasta su finalización —desde la salida del Hogar hasta el regreso al Hogar de luz— el defecto no está en el sol. Está en ti.»[22]

El Morya ha hablado en múltiples ocasiones sobre la dilación, sobre dejar para mañana lo que deberíamos hacer hoy. Morya increpa: «La dilación es una enfermedad que significa la muerte del chela». Si esta cualidad negativa está presente en tu vida, haz este cartel en letras grandes y ponlo en un lugar donde llame la atención. ¡Escríbelo con mayúsculas y en negrita!

### *LA DILACIÓN ES UNA ENFERMEDAD QUE SIGNIFICA LA MUERTE DEL CHELA*

*El Morya*

Serapis Bey también nos enseña acerca de las dificultades que puede ocasionarnos la dilación: «Recuerda: hubo un momento en que el mar Rojo fue dividido en dos y todos los hijos de Israel lo cruzaron. Si alguno se hubiera entretenido y hubiera dicho: "El mar ha sido dividido, lo atravesaré por la mañana", habría quedado atrapado como los perseguidores egipcios fueron atrapados y tragados por el mar.

»Entiende, pues, que los milagros y las oportunidades tienen su momento y comprende que también nosotros respetamos las fechas. La vía *sí* ha sido abierta. Pasa por ella mientras todavía lo esté, y encuentra tu lugar en el sol, ¡donde guardar la llama es, por encima de todo, el arte más sagrado!»[23]

### Letargo e inercia

El Gran Director Divino nos dice: «Hay varios factores menores que obstaculizan la expresión de la voluntad divina, entre ellos la simple pereza que hace que las personas se rebelen en contra de la necesidad de esforzarse. En lugar de mover los músculos del cuerpo o ensanchar las facetas de la mente por medio de la meditación o la contemplación, prefieren los viejos y acostumbrados hábitos de la fatiga y el aburrimiento. De nuevo, como en la cuestión de las causas, la solución no yace necesariamente en una dirección determinada sino en varias actividades, grandes y pequeñas, que juntas pueden destruir las viejas matrices del pensamiento y el sentimiento erróneos, y poco a poco inclinar la balanza de la justicia hasta que alcance el punto de equilibrio.

»Yo siempre he creído que, como se dice, "el fuego se combate con fuego". La mecánica misma del sistema puede, así, emplearse de forma adecuada, junto con una determinación de *bulldog*, para que el hombre pueda comenzar a liberarse del letargo y de la inercia. Pero cuando el hombre entre en conflicto con las tendencias profundamente arraigadas de su vida, hará falta algo más que la voluntad humana para salir definitivamente del atolladero. Por lo tanto, debemos hablar de la automatización divina por medio de la cual el motivo del amor divino es implantado en toda la creación. Pues es en verdad cierto que el amor divino se expande sin cesar, duplica y reduplica los maravillosos motivos y patrones de la felicidad, que son la naturaleza de Dios allí donde toque Su llama»[24].

### La necesidad de armonía

«La armonía es una ciencia —nos dice el Dios de la Armonía*—. La armonía es, pues, el equilibrio de la luz, de los centros solares, de los campos de fuerza electrónicos. Cuando hay equilibrio, hay armonía. Cuando hay equilibrio y armonía, entonces y sólo entonces puede haber aceleración.

»Puede que tengas estupendos dones de virtud, pero muchas veces en una vida, o en muchas, una corriente de vida individual no supera cierto nivel de logro profesional o cierto nivel de virtud porque el individuo llega a un punto en el que deja de tener equilibrio, donde no puede acelerar esa virtud que sí le funciona a una vibración inferior.

»Tomemos, por ejemplo, una peonza que está girando. Para poder hacerlo, tiene que tener cierta aceleración y cierto equilibrio. Así, cuando la ley de la armonía que funciona en ti cae por debajo del nivel de cierta aceleración, ya no se

puede mantener. Y ahí entra la discordia con la desintegra-
ción y finalmente con la autodestrucción. Para poder, por lo
tanto, tener la clave de la armonía, has de tener la clave de la
aceleración del amor»[25].

### La necesidad de perdonar

Mark Prophet —en una conferencia titulada «Por qué
el hombre debe perdonarse a sí mismo: libertad universal
por medio del perdón»— nos dijo por qué, antes de poder
alcanzar nuestras metas alquímicas, es necesario que perdonemos. «En el concepto de perdonarnos a nosotros mismos
y de perdonar a nuestro prójimo yacen los medios de liberación que, literalmente, harán magia cósmica en nuestro cuerpo, en nuestra mente, en nuestra alma y en nuestro espíritu.
Nos brindará el fruto de la abundancia cósmica y abrirá una
senda, una puerta que nos llevará a Dios. Tomemos hoy,
pues, una determinación excelsa: resolvamos que nunca más
ningún ser humano de la faz de este planeta va a ser capaz
de, desde un punto de vista personal, irritarnos o fastidiar-
nos. Puede que alguien diga: "Eso es una orden demasiado
exagerada. ¡Si hasta estoy molesto conmigo mismo!" No te
irrites contigo mismo. ¿Por qué? Porque tu Yo Real ya es
perfecto. Tu Yo Real está hecho a la imagen divina, la magia
divina, la magia del ojo divina.

»Una de las mejores maneras de pedir que los maestros
entren en nuestra vida es practicar el perdón, perdonarnos a
nosotros mismos y perdonar a los demás. Mientras tengamos en nuestro mundo de los sentimientos algún resentimiento en contra de cualquier ser vivo, hemos aprisionado
la energía, y esa energía no tiene la libertad de moverse.»

Mark relató en una de sus conferencias la siguiente anécdota:

«Muchos estarán familiarizados con la historia del rico que se muere, va al cielo y pregunta dónde queda su mansión. Dijo: "En la casa de mi Padre, muchas mansiones hay"[26]. Y le dijo al guía: "Tenga la bondad de llevarme a la mansión reservada para mí". Llegaron a unas mansiones muy hermosas, las miró y dijo: "Son encantadoras, muy bonitas, pero debe de haber algo mejor". Así que el ángel lo llevó más y más lejos, y las mansiones eran cada vez más pequeñas hasta que finalmente llegaron a una diminuta choza, un lugar como para un vagabundo. Y el guía le dijo: "Aquí vives. Ésta es tu mansión".

»Eso quiere decir que recibimos aquello que hayamos enviado a los cielos para construir allí nuestra mansión. Si enviamos los trastos viejos de la pobreza y de la conciencia de pobreza a los demás, y no hacemos nada bueno con lo que tenemos en este mundo, entonces lo natural es que no enviemos nada al cielo. Como dijo un maestro: "Lo único que verdaderamente conservas es aquello que das". ¿Verdad que es interesante? Y además es cierto. Es la ley del karma.

»Comienza hoy y mañana y todos los días, mientras tengas vida, a perdonarte a ti mismo y a perdonar a los demás. No tengas miedo de perdonar: perdonar es divino. Guardar rencor en contra de alguien es satánico. Es diabólico, destructivo, kármico y regresa a la puerta de uno; nos aparta de todo lo espiritualmente bueno que Dios tiene reservado para nosotros.

»De modo que esta tarde, te insto a que practiques el ritual del perdón. Por favor, únete a mí en este purificador decreto que voy a crear por la gracia de Dios para esta ocasión»[27].

*Oh, nuestra amada Presencia YO SOY, Santo Yo Crístico de toda la humanidad, amado Saint Germain, nuestro amado Arcángel Zadkiel, arcángel del fuego violeta, os invocamos ahora a vosotros y a todo el Espíritu de la Gran hermandad Blanca para que volváis a realizar el ritual del perdón de forma individual en nuestro corazón, mente y ser. No importa quien nos haya causado daño en esta vida o en todas las pasadas, soltemos hoy las sogas de la condenación que, como poder, sostenemos en nuestra mano.*

*Enseñadnos el ritual del perdón iluminado, para que podamos perdonar con libertad completa a todos los seres vivos mientras suplicamos ante los poderes del Consejo Kármico y el poder infinito de la luz que le perdone todos sus errores a la humanidad. Amadnos libres, perdonadnos libres, y enseñadnos a ser uno con vosotros. Lo pedimos en el nombre de Jesús el Cristo, de acuerdo con la antigua oración que él enseñó a sus discípulos. Vamos a recitarla juntos:*

*Padre nuestro, que estás en los cielos. Santificado sea Tu nombre. Venga a nosotros Tu reino. Hágase Tu voluntad así en la tierra como en el cielo. El pan nuestro de cada día, dánsle hoy. Perdona nuestras ofensas, así como nosotros perdonamos a los que nos ofenden. No nos dejes caer en la tentación, y líbranos del mal; pues Tuyo es el reino, y el poder y la gloria por siempre. Amén*[28].

### Karma

Hemos ignorado por completo un concepto que puede explicar por qué quizá no funciona nuestro experimento alquímico: la ley del karma.

Mark Prophet habló brevemente sobre el karma en relación con el perdón, y puesto que quien está siendo enseñada es el alma, no la personalidad, no recordamos los errores del pasado que estamos pagando hoy. Por lo tanto, hasta que no comprendamos la ley de la reencarnación, puede que nos rebelemos y sintamos que la vida actual es injusta con nosotros.

Desgraciadamente, hay a menudo enfermedades, reveses financieros u otras formas de adversidad que nos hacen caer de rodillas y que le obligan al alma a aprender una lección, ya que quizá durante vidas de felicidad y de abundancia le dimos la espalda a Dios y a Sus leyes.

Muchas veces quienes se encuentran hoy en la pobreza han abusado de la riqueza en el pasado y tienen que experimentar físicamente esa penuria para poder apreciar la abundancia de Dios.

*No os engañéis; de Dios nadie se burla. Pues lo que uno siembre, eso cosechará*[29].
*Porque a quien tiene se le dará y le sobrará; pero a quien no tiene, aun lo que tiene se le quitará*[30].

### Consumado está

Cerremos este capítulo sobre la alquimia de la precipitación con una meditación sobre las palabras de Jesús: «Consumado está»[31]. A veces lo único que hace falta es decidir que estamos cansados de llevar una vida de penurias y que aceptamos desde este momento en adelante las riquezas que Dios quiere concedernos. La meditación que sobre las palabras de Jesús hace Mark Prophet puede ayudarnos a cristalizar esta determinación en nuestra mente.

¿Hasta cuándo vas a esperar a decir tú también: «¡Consumado está! ¡Concluido este episodio de lucha! Ya no voy a

permitir que entren en mi mundo sentimientos de inseguridad, de carencia, de miedo y duda o de cualquier vibración
negativa que me estén apartando de mi verdadera abundancia y felicidad. Ahora puedo decir con Jesús: "No puedo
fallar, porque YO SOY tú mismo en acción en todas partes.
Porque somos uno"»!

*Meditación alquímica*
*¡Consumado está!*
*por JESUCRISTO*

*¡Consumado está!*
*Concluido este episodio de lucha,*
*YO SOY uno con la vida inmortal.*
*Serenamente Yo Estoy resucitando mis energías*
*espirituales de la gran tesorería del saber inmortal.*
*Los días que conocí contigo ¡oh Padre!*
*antes de que el mundo fuera, los días de triunfo,*
*cuando todos los pensamientos de tu Ser*
*se elevaban sobre las sempiternas colinas*
*de la memoria cósmica,*
*regresan una vez más mientras medito en ti.*
*Cada día, a medida que evoco tus recuerdos*
*de los antiguos escritos del amor inmortal,*
*YO SOY quien se emociona de nuevo.*
*Maravillosos modelos de contemplación me cautivan*
*con la sabiduría de tu esquema creativo.*
*Tan cuidadosa y prodigiosamente estoy hecho*
*que nadie puede estropear tu diseño.*
*Nadie puede despojar la belleza de tu santidad,*
*nadie puede desalentar el latir de mi corazón*
*con una expectación casi impetuosa*
*de tu plenitud manifestada en mí.*

*¡Oh gran y glorioso Padre!*
*¿Cómo podría un pajarillo creado en jerárquica*
*bienaventuranza eludir tu atención compasiva?*
*YO SOY de mayor valor que muchas aves*

*y por tanto, sé que tus amorosos pensamientos llegan*
*a mí diariamente para consolarme en mi aparente*
*soledad, para acrecentar mi valor,*
*elevar mis conceptos,*
*exaltar mi carácter,*
*inundar mi ser de virtud y poder,*
*sostener tu cáliz de vida derramándose dentro de mí,*
*y morar en mi interior para siempre*
*en la cercanía de tu presencia celestial.*


*No puedo fallar*
*porque YO SOY tú mismo en acción en todas partes.*
*Cabalgo contigo*
*sobre el manto de las nubes.*
*Camino contigo*
*sobre las olas y las crestas de la abundancia de las aguas.*
*Avanzo contigo*
*en las ondulaciones de tus corrientes,*
*atravesando las miles de colinas que componen la corteza*
*terrestre.*
*Yo Estoy vivo contigo*
*en cada arbusto, flor y brizna de hierba.*
*Toda la naturaleza canta en ti y en mí*
*porque somos uno.*
*YO SOY el que vive en los corazones de los oprimidos,*
*elevándolos.*
*YO SOY la ley exigiendo la verdad del ser*
*en el corazón de los orgullosos,*
*rebajando la creación humana que hay en ellos*
*y avivando la búsqueda de tu realidad.*
*YO SOY toda suerte de bienaventuranza*

*para todos los hombres de paz.*
*YO SOY la plena destreza de la gracia divina,*
*el espíritu de santidad*
*que libera a todos los corazones de la esclavitud*
*y los lleva a la unidad.*

*¡Consumado está!*
*Tu creación perfecta está dentro de mí.*
*Inmortalmente bella,*
*la beatitud del ser no puede ser negada.*
*Como en ti mismo, habita en la morada de la realidad.*
*Para nunca más caer en lo profano,*
*tan sólo conoce las maravillas*
*de la pureza y la victoria.*
*Mas dentro de este fuego inmortal se agita*
*un modelo perfecto de misericordia y compasión*
*que busca salvar para siempre aquello que se ha*
*perdido por haberse desviado de la belleza de la realidad y*
*la verdad.*
*¡YO SOY el Cristo vivo en acción eterna!*

*¡Consumado está!*
*¡La muerte y los conceptos humanos no tienen poder en mi*
*mundo!*
*Estoy sellado por designio de Dios*
*con la plenitud de ese amor de Cristo,*
*que vence, trasciende y libera al mundo*
*por el poder del tres por tres*
*hasta que todo el mundo sea victorioso en Dios,*
*¡ascendido en la luz y libre!*

*¡Consumado está!*
*La plenitud es la totalidad de Dios.*
*Día tras día un aumento de fuerza, devoción,*
*vida, belleza y santidad se produce en mí,*
*emanando desde la más bella flor de mi ser,*
*la rosa de Sarón consagrada al Cristo*
*que abre sus pétalos dentro de mi corazón.*
*¡Mi corazón es el corazón de Dios!*
*¡Mi corazón es el corazón del mundo!*
*¡Mi corazón es el corazón de Cristo en acción curativa!*
*He aquí, YO SOY el que está siempre contigo hasta el fin,*
*cuando con la voz del amor inmortal*
*yo también diga: «¡Consumado está!»*

# 7

# *Gratitud*

*¡Dad gracias a Yahveh,*
*porque es bueno,*
*porque eterno es su amor!*

DAVID, SALMO 118:1

Muchas personas nunca alcanzan la verdadera abundancia por no ser capaces o por no querer expresar gratitud. Ello se puede convertir en un gran obstáculo en el sendero que lleva hacia la prosperidad. La gratitud es la llave con la que podemos abrir la puerta cerrada de la conciencia y despejar el camino para así recibir la opulencia que nos está siendo ofrecida.

*Si la única oración que dices en toda*
*tu vida es «gracias», con eso basta.*

*Meister Eckhart*

## Claves para lograr la abundancia

Hay muchas cualidades que podríamos considerar como claves para lograr la abundancia, pero la acción de gracias y las expresiones de gratitud son el método más rápido de alcanzar nuestra meta. Muchas veces hemos repetido la frase de Jesús: «Pedid y se os dará». Esto es una gran verdad; pero cuando pedimos, no sólo tenemos que creer que vamos a recibir, sino que también tenemos que agradecer, por anticipado, las bendiciones que estamos pidiendo. Hemos de tener fe en que nuestra petición se va a manifestar en el momento adecuado y a la manera divina. La gratitud es la esencia misma de la fe y de la confianza.

Algunas veces pienso que no necesitamos ninguna otra fórmula para vivir de forma triunfante que esta sencilla regla: expresar nuestra gratitud. Oficialmente se ha señalado el Día de Acción de Gracias como festividad nacional*. ¿Cuánto tiempo le dedicamos a la gratitud en nuestra vida personal? ¿Lo has pensado alguna vez? Dios nunca se propone negar a Sus hijos Sus dones, pero a menudo nosotros nos privamos de ellos sin saberlo al no comprender el gran poder inherente a la llama de la Gratitud Divina.

## Tiempo de cosecha

Muchas organizaciones celebran seminarios y conferencias dedicados a un solo tema. En el otoño es popular el tema de la cosecha. Muchos le dan gracias a Dios en el otoño por la abundancia de la cosecha. Mark Prophet enseña que cuanta más gratitud sintamos, más oportunidades me-

---

* En los Estados Unidos uno de los días festivos más destacados es el Día de Acción de Gracias, que se celebra a finales del mes de noviembre. [N. del T.]

recemos, según la ley kármica. Cuanto más damos a Dios, más recibimos.

En tono de humor, nos dice: «Cuando nos ponemos a pensar en el Día de Acción de Gracias, vemos que la gente está agradecida de tener pavo para cenar. El pavo no lo está, pero ellos sí. La gente está agradecida por la bebida, por tener un buen vino. Se sienten agradecidos de tener amigos, padres. Dan gracias por tener un techo sobre sus cabezas. Se sienten agradecidos de tener paz, educación, oportunidad, muchas cosas que son de la Tierra, terrenales.

»No digo que los hombres y mujeres no deban estar agradecidos por las cosas de la Tierra, terrenales, pero el agradecimiento debería incluir la totalidad de la magnificencia de Dios que Él le ha entregado al individuo. Pero, ¿no es extraño que la gente siempre esté agradecida por las cosas externas y mundanas, y tenga en tan baja estima las cosas espirituales?

»¿Será que no aman las cosas espirituales porque en realidad no aman a Dios? ¿Será que su fe ha vacilado? ¿Será que tienen dudas? No lo creo. De verdad que no. Creo que el problema en realidad es la oscuridad.»[1]

Estoy de acuerdo con sus palabras. Creo que pasamos por alto las múltiples bendiciones de Dios como si constituyeran un derecho natural. En la vida contemporánea nos hemos alejado mucho de las necesidades diarias que tenían los primeros colonos norteamericanos que celebraron el primer Día de Acción de Gracias. Ni siquiera advertimos las maravillas que disfrutamos hoy en comparación con la historia reciente y en contraste con muchos de los países que están en vías de desarrollo.

El Dios Merú* dice: «Es maravilloso contemplar las ciudades. Hoy en día, por el poder de la luz y la luz del poder, están en su mayor parte iluminadas; se disfruta de luz casi ilimitada con la simple acción de una mano o con tan solo oprimir un botón. Maravillas, maravillas reales de cuentos de hadas, estallan ante ojos satisfechos. Hay quien a diario expresa gratitud hacia su Yo Divino por estas múltiples bendiciones».

Continúa: «Deberías regocijarte de todo lo que pasa, porque cuando, cual gran ola de amor que sale de tu corazón y asciende al trono de Dios, extiendes esa gratitud, siempre recibes una corriente de regreso. Es como el rayo que sube a las nubes con la carga negativa, y relampaguea la carga positiva. Así recibe la humanidad la gran bendición divina. Nunca puedes conferirle a Dios o a los maestros ascendidos una plegaria de gratitud o unas palabras de agradecimiento sin que desde su corazón haya una liberación de energía que te devuelva a cambio alguna bendición»[2].

El maestro Pablo el Veneciano dice: «Estoy aquí esta noche para advertirle al chela del fuego sagrado, y al aspirante a serlo, que es necesario expresar la gratitud divina en su plenitud con el fin de que la época de la siembra produzca una fructífera cosecha de abundancia divina en su mundo. Dios escucha los llamados y oraciones en los que se pide perfección o la superación de algún problema particular y determinado con el que se ha luchado. Dios escucha todos esos llamados. Puede que, como no has visto la manifestación de la respuesta, creas que no te responde.

»Pues bien, "con vuestra perseverancia salvaréis vuestras almas"[3], porque a menudo la respuesta estaba en camino incluso antes de terminar de hablar. Y la respuesta llega de acuerdo con los caminos y diseños de Dios, aunque puede que no de acuerdo con los tuyos. Tú, siguiendo el antiguo mantra, pronunciaste estas palabras: "Hágase tu voluntad y no la mía"[4], sabiendo que el Padre posee la inteligencia divina y la capacidad de darte el don correcto y adecuado que necesitas y no aquello que, debido a la confusión humana, tú crees que deberías tener.»[5]

El salmista David, pastor y gran rey de Israel, sabía lo importante que era dar gracias a Dios. Incluso en medio de las tribulaciones y adversidades, cantaba alabanzas y agradecimientos a su Señor. Sus meditaciones se encuentran en el libro de los salmos del Antiguo Testamento:

*¡Dad gracia a Yahveh, porque es bueno, porque es eterno su amor!*[6]
*De Yahveh es la tierra y cuanto hay en ella, el orbe y los que en él habitan*[7].
*Los cielos cuentan la gloria de Dios, la obra de sus manos anuncia el firmamento; el día al día comunica el mensaje, y la noche a la noche transmite la noticia*[8].
*¡Aclamad a Yahveh, toda la tierra, servid a Yahveh con alegría, llegaos ante él entre gritos de júbilo!*
*Sabed que Yahveh es Dios, él nos ha hecho y suyos somos, su pueblo y el rebaño de su pasto.*
*¡Entrad en su pórtico con acciones de gracias, con alabanzas en sus atrios, dadle gracias, bendecid su nombre!*
*Porque es bueno Yahveh, para siempre su amor, por todas las edades su lealtad*[9].

### Bendiciones y alabanzas

Tenemos que adquirir el hábito de agradecer todas las pequeñas bendiciones que se nos presentan a diario, y poner nuestra atención constantemente en los pequeños detalles de la vida. «Padre, te doy las gracias por _____», es una frase que debería estar en tus labios muchas veces al día ahora que comienzas a comprender y a apreciar las muchas bendiciones que antes te pasaban desapercibidas. Es un gran error dar por sentado que vamos a tener prosperidad. Hemos de esperar abundancia porque Dios quiere que sintamos la plenitud del cariño que nos tiene, pero tenemos que dar gracias por todas las bendiciones en cuanto las recibamos.

Cuando, hace muchos años, comencé a estudiar las leyes de la prosperidad, me intrigó una idea que encontré en el libro *Riches Within Your Reach* («Riquezas a tu alcance») de Robert Collier[10]. Las publicaciones de Unity contienen muchas fórmulas similares para lograr el éxito. Un concepto nuevo para mí era el de la «bendición», bendecir el dinero y bendecir todas las facetas de nuestra vida. Cuando leí las palabras «todo aquello que se alaba y bendice, se multiplica», decidí intentar precisamente eso en nuestro negocio.

Yo había crecido en una familia muy ortodoxa y estaba familiarizada con las palabras de la Biblia y con el ministerio de Jesús, pero nunca había pensado que incluirían leyes concretas para triunfar en el mundo de los negocios. De pequeña, en la escuela dominical, podía recitar de memoria muchos de los versículos más famosos de las Sagradas Escrituras y siempre sentí que conocía a Jesús personalmente; sin embargo, al madurar, no supe convertir esos versículos de prosperidad del Antiguo y del Nuevo Testamento en algo que se pudiera aplicar al mundo de los negocios. El libro de Napoleon Hill «Piense y hágase rico»[11] fue el primero que me hizo comprender que tenía que ampliar mi fe en Dios e incluir en ella mi vida profesional.

De inmediato puse en práctica la idea de bendecir el dinero haciendo un depósito con los ingresos obtenidos al final de cada día laborable y sosteniéndolo en mis manos antes de llevarlo al banco. Le daba las gracias a Dios por las bendiciones que me había concedido a lo largo de ese día, por la abundancia que nos había dado y por su cariñoso cuidado. Le daba las gracias por nuestros clientes y le pedía que al día siguiente me enviara más. Era incluso divertido ver cómo los ingresos diarios aumentaban sin parar.

Como esta práctica estaba funcionando tan satisfactoriamente, decidí ir un paso más lejos, como un niño que descubre un nuevo juego. Tenía una idea bastante exacta de los ingresos que necesitábamos todos los meses, así que dividí esa cantidad en lo que íbamos a necesitar cada día y le añadí un poquito más. Cada mañana tomaba un trocito de papel y escribía en la parte de arriba: «Hoy necesito _____ ( y ponía la cantidad). Gracias, Padre, por hacerlo realidad». Y según hacía cada venta, tachaba la cantidad original y escribía la cantidad que quedaba. Me quedaba pasmada al ver al final del día que siempre recibíamos casi la cantidad exacta que necesitábamos, dólar más, dólar menos.

Ya me había convencido firmemente del beneficio de tener a Dios como socio en mi negocio. Cuando decidí pedir varios miles de dólares por encima de mis necesidades del día, sólo para probar esta ley, esa cantidad adicional nunca llegó. Por lo visto, mi sendero consistía en caminar con fe en Dios y confiar en Él diariamente como hicieron los israelitas en su viaje por el desierto. Todas las mañanas caía maná de los cielos, pero no lo podían acumular para las necesidades del futuro. Jesús dijo en el Padrenuestro: «Danos el pan de cada día»[12]. Ésa es, seguramente, la iniciación que yo tenía que pasar en ese momento: caminar día a día y confiar en que el Señor satisfaría mis necesidades.

Por lo visto, también los objetos inanimados responden a las bendiciones, como aprendí para mi vergüenza. Mi hijo y mi esposo se habían pasado todo un año, en su tiempo libre, restaurando a su estado original un Ford Modelo A. Ellos formaban parte de un club de automóviles antiguos y querían comenzar a participar en los *rallys* del club. Recuerdo una noche en la que habían decidido que su hermoso auto estaba listo para hacer su primera salida de prueba.

Yo estaba lavando los platos en la cocina y escuchaba cómo apretaban el acelerador una y otra vez, pero el motor se negaba a arrancar. Mi esposo estaba maldiciendo, usando palabras que yo ni siquiera sabía que conocía. Finalmente le dio un fuerte puntapié a la rueda añadiendo algunos insultos. Yo ya no podía aguantarlo más y les pedí que, por favor, se fueran a pasear cinco minutos para calmarse un poco y mientras tanto vería qué podía hacer.

Cuando regresaron, el auto estaba zumbando tranquilamente en el garage. Nunca había visto una expresión de asombro igual en el rostro de mi marido. Me dijo: «¿Qué diantre has hecho?» Le respondí: «En lugar de maldecirlo, lo que hice fue bendecir el coche». Pero no había tenido en cuenta a mi hijo adolescente. Al día siguiente y durante semanas, recibí llamadas telefónicas de padres de algunos amigos de mi hijo: «Sra. Booth, ¿podría venir a bendecir mi coche? No funciona bien». Tardé semanas en superar este incidente.

### *Las alabanzas y las bendiciones tienen el poder de producir cambios*

Pocas personas comprenden el poder que tienen las alabanzas y las bendiciones de producir cambios. En las Sagradas Escrituras se nos dice: «En toda ocasión, presentad a Dios vuestras peticiones, mediante la oración y la súplica, acompañadas de la acción de gracias»[13]. Comienza dando gracias por la abundancia que ya tienes y luego declara tus deseos, tus sueños.

Empieza a regocijarte, a alabar y bendecir lo que tienes ahora. Aprende de tus errores y no los repitas. Algunas veces aprendemos mucho más cuando las cosas parecen ir mal que cuando todo va viento en popa. La Tierra es una escuela, y nuestra meta debería ser graduarnos, ascender de regreso al corazón de Dios.

No des por hechas tus bendiciones. Comienza ahora mismo a hablar de abundancia, a pensar sólo en abundancia, y a dar gracias por la abundancia. Si sintonizas tu mente con pensamientos de opulencia, podrás prosperar aunque los bancos cierren sus puertas. La prosperidad proviene del Dios interior, no de los sucesos externos. Tus pensamientos te pueden traer abundancia o bien pueden ahuyentarla, sin importar los esfuerzos que hagas por atraerla. Puedes darle un giro negativo a todo lo que tienes si no estás agradecido de tenerlo. Has de esperar prosperidad porque cumples con la ley; y a continuación has de dar gracias por todas las bendiciones que recibas.

Estoy totalmente convencida de la eficacia del uso de la visualización en combinación con las alabanzas y la acción de gracias como una de las grandes claves para triunfar en los negocios. Sin embargo, esta ley del aumento puede funcionar con idéntica exactitud en nuestra vida personal. Bendice el dinero que estás ahorrando para tus vacaciones, para tu educación, para ese sueño tan especial.

Dale las gracias a Dios por tu salud, tu familia, tu trabajo, tu hogar, por la vida misma. Recuerda que hemos dicho que hay tres mil millones de almas a la espera de un cuerpo en el portal del nacimiento. Bendice tu cuerpo y pídele a Dios que te sane de todas las imperfecciones que tenga. ¿Estás verdaderamente agradecido por el cuerpo que has recibido y por la oportunidad de vivir?

La Madre María nos instruye en referencia a este tema: «Escucha esto, amado. La razón por la que el cielo no entra en tu vida es porque quizá no has abierto la puerta. Por consiguiente, comienza con gratitud, con acción de gracias y con alabanzas a Dios por tener un cuerpo físico. Hay miles de millones de almas a quienes les gustaría estar en encarnación para este gran final de la era de Pisicis, y no lo están debido al aborto.

»Pero tú sí estás en encarnación física. Tú puedes cambiar en un abrir y cerrar de ojos. Tú puedes cambiar el rumbo de tu vida. Tú puedes ser convertido, por el Espíritu Santo, a Dios y a la religión de tu elección. Puedes ser convertido a la verdad y desechar todos los errores. Puedes ser convertido a la justicia y desechar todo pecado. Y tenéis el derecho, hombres y mujeres de esta época, tenéis el derecho de recibir al Espíritu Santo y el poder de Jesucristo para superar toda adicción y todo hábito que haya esclavizado al alma en este cuerpo.

»Antes o después, tienes que decidir que vas a vencer a la muerte y al infierno. Ya sea ahora o dentro de diez mil años, tienes que tomar esa decisión. Debes corregir todos los errores, buscar ser perdonado por todos aquéllos a los que hayas dañado y verter perdón sin fin a todos aquéllos que te hayan dañado a ti. La misericordia de Dios te ha dado vida; dale tú a todos los seres vivos esa misericordia y reza para que se abran los portales del nacimiento y así lleguen todas esas almas que todavía pueden contribuir con algo en esta civilización.

»Reza, amado. Y "ora sin cesar"[14] con un mantra en el corazón: "Todo lo puedo hacer en Dios, porque con Dios en mí todo es posible. Puedo convertirme en quien verdaderamente soy. Puedo convertirme en todo lo que Dios ha decretado para mí".»[15]

### Cómo usó Jesús la ley del aumento

A menudo tenemos que dar gracias y bendecir *antes* de que se pueda manifestar la provisión. Cuando Jesús se dio cuenta de que tenía que alimentar a cinco mil personas que se habían reunido para escucharle y que sus discípulos no habían encontrado más que cinco panes y dos peces con los que alimentar a esta multitud, lo primero que hizo fue dar las gracias.

> *Entonces les mandó que se acomodaran todos por grupos sobre la verde hierba [...].*
> *Y tomando los cinco panes y los dos peces, y levantando los ojos al cielo, pronunció la bendición, partió los panes y los iba dando a los discípulos para que se los fueran sirviendo. También repartió entre todos los dos peces.*
> *Comieron todos y se saciaron.*
> *Y recogieron las sobras, doce canastos llenos y también lo de los peces.*
> *Los que comieron los panes fueron cinco mil hombres[16].*

Al usar lo que tenía a mano, Jesús pudo multiplicar los panes y los peces hasta que hubo suficiente para alimentar a la multitud e incluso sobraron doce canastos. Ésta es la ley de la alquimia, que siempre responde a las alabanzas y al agradecimiento.

Jesús les dijo a sus discípulos que arrojaran las redes «a la derecha del bote» después de que hubieran pasado toda la noche intentando pescar sin resultado. Cuando siguieron las instrucciones del maestro, sacaron las redes rebosantes de pescado.

Charles Fillmore, el fundador de Unity, declaró que una de las leyes de la prosperidad es: «Aumentamos todo aquello que alabamos».

### Crea un sendero hacia Dios

Las enseñanzas de los maestros ascendidos están repletas de ejemplos de gratitud y alabanzas, ya sean procedentes de nosotros hacia Dios, ya de Dios a nosotros. La Diosa de la Libertad* dice: «Cuando expresas gratitud a los seres ascendidos, cuando expresas gratitud a Dios, creas un sendero que se compone de una multitud de estrellas brillantes, que brillan cual chispas resplandecientes, cual puntos de luz que titilan por todo el universo y llegan hasta el mismísimo corazón de Dios y hasta el corazón del ser ascendido.

»Por ese brillante sendero —ese cable, conducto, sendero de conexión— relampaguea una respuesta que llega hasta tu corazón. Porque por ley cósmica, no existe individuo alguno en el estado ascendido que no responda a todos los llamados que la humanidad haga. Porque el llamado exige respuesta. Y cuando los individuos hacen sus llamados a Dios, siempre hay una respuesta.

»Los ángeles de la oscuridad intentan crear en la conciencia la idea de que Dios no escucha; nada más alejado de la verdad. Pues en todas las ocasiones se reconoce hasta el más leve gesto indicativo de una oración. Y espero que entiendas que la razón por la que no siempre se presenta la respuesta de forma inmediata es, sencillamente, porque no ves o porque intentas ajustar la respuesta según los dictados de tu propia voluntad. ¡Eso no es la voluntad de Dios! La voluntad de Dios consiste en transmitir aquel preciado don que el Padre sabe es el más conveniente para ti.»[17]

El Morya advierte: «En medio de la prueba de fuego llegará la frescura de la gratitud. Y la gratitud surgirá de corazones fieles, y temblarán los corazones de los infieles»[18].

Gautama Buda indica: «El parpadeo del ojo es gratitud, es la expresión reiterada del agradecimiento que, en verdad, aumenta el flujo de la luz a través del chakra del corazón a medida que tú aumentas el manantial de la vida dentro de ti acercándote al pozo y sacando agua de él una y otra vez, aumentando el flujo del gran Río de la vida, el agua cristalina, limpia, pura y burbujeante»[19].

El Arcángel Zadkiel* nos enseña que «cuando el corazón de Dios percibe tu gratitud, en ese preciso momento se toca el *moméntum* de lo Universal; y la respuesta es un acorde y la liberación de un aumento infinito de armonía que comienza desde el principio y, pasando por todas las expresiones vitales en el tiempo y el espacio, llega al momento presente dondequiera que te encuentres y le transfiere a ese momento la comprensión celestial de la gratitud que el universo siente por tu amor y tu gratitud.

»Ésta es una respuesta divina. En esto consiste que la Deidad te perciba, es una renovación de tu mente que permite que el mundo sea bendecido por el flujo del amor de Dios a través de ti.

»Te ruego que aceptes esto en tu mundo de los sentimientos. Te ruego que aceptes la presión de esa sensación de
que Dios está agradecido por tu gratitud.»[20]

### Haz una lista de todo aquello por lo que estés agradecido

Ponlo por escrito y no permitas que las alabanzas y la
acción de gracias estén ausentes de tu vida un solo día más.
Alaba a Dios por la alegría y la belleza de Su creación. Cuando comiences a enumerar todos los dones que Dios te ha
dado, te darás cuenta de que podrías pasarte el día entero
haciéndolo. Cuando comienzas a pensar en ellos, tus bendiciones son ilimitadas.

### Salmos de alabanza

*¡Alabad a Yahveh, todas las naciones, celebradle, pueblos
todos!*
*Porque es fuerte su amor hacia nosotros, la verdad de Yahveh
dura por siempre*[21].
*¡Aleluya! Alabad a Dios en su santuario, alabadle en el
firmamento de su fuerza,*
*alabadle por sus grandes hazañas, alabadle por su inmensa
grandeza.*
*Alabadle con clangor de cuerno, alabadle con arpa y cítara,*
*Alabadle con tamboril y danza, alabadle con laúd y flauta,*
*Alabadle con címbalos sonoros, alabadle con címbalos de
aclamación.*
*¡Todo cuanto respira alabe a Yahveh! ¡Aleluya!*[22]

*David*

## *El flujo y reflujo de la vida*

Para poder vivir la vida sintiéndonos felices y victoriosos, tenemos que permanecer en constante estado de flujo, es decir, dando y recibiendo. Piensa en los interruptores eléctricos de tu hogar. La electricidad está en el cable todo el tiempo, pero la corriente no puede fluir para producir luz a menos que encendamos el interruptor. Para poder generar fuerza eléctrica, necesitamos millones de toneladas de agua almacenadas en embalses y en ellos una salida por la que pueda salir el agua.

Cuando abres la salida de humos de una chimenea para encender fuego, sientes el aire frío que baja. El humo entra en la sala salvo que establezcas una corriente para que el humo suba por la chimenea. Tiene que haber flujo; tiene que haber dos aberturas. En nuestra vida también ha de haber dos aberturas: para la entrada del viento del Espíritu Santo y del fuego sagrado, y una salida —es decir, la acción de dar— para que el fuego de nuestro corazón pueda seguir ardiendo.

No podemos existir sin dar. Si inhalamos una bocanada de aire divino y no la exhalamos, moriremos al poco tiempo. No podemos respirar sin esta acción de dar y recibir. Elizabeth Clare Prophet enseña que lo natural es que demos de nosotros mismos, sirviendo con amor, con alegría, y dejando que la luz fluya a través de nosotros: de este modo estamos tan contentos que nuestro regalo a la vida llega hasta las estrellas.

La discordia, el desprecio, el ceño fruncido, el mal genio, la crítica: todo ello retiene la luz y hace que ésta no puede fluir. No existe el ritmo adecuado y nos sentimos incómodos. Esta incomodidad se expresa a menudo en discusiones, riñas o mezquindad. Todas estas cosas muestran la ausencia de maestría y que la luz no está fluyendo a través de nosotros. La clave de la ascensión es comprender que la gratitud y las alabanzas son algo natural.

Hay una parte de nosotros que siempre tiene que estar vinculada a Dios, y el flujo de amor hacia Dios, Jesús y los maestros tiene lugar por medio de la gratitud. Es muy similar a cuando logramos encontrar lo mejor de cada persona. Podemos hallar muchas cosas que decirle a Dios sobre lo agradecidos que estamos, y esa gratitud sostiene el vínculo, el flujo. Podemos demostrarle nuestra gratitud siendo amables, misericordiosos y gentiles con los demás.

El maestro Pablo el Veneciano habló del flujo necesario entre Dios y el hombre, y entre el hombre y Dios. Dijo que cuando el hombre está agradecido a Dios, ocurre el milagro de la intervención divina en las vidas de quienes sienten ese agradecimiento. Pues de esa gratitud emerge la percepción de que más gracia está por llegar. Dios puede, por lo tanto, aumentar Su abundancia cuando le expresamos alabanzas y gratitud.

Si tu actitud ante la vida es la de seguir el principio de que «mayor felicidad hay en dar que en recibir»[23], entonces ¡recibirás! Uno de los principales secretos de la prosperidad es dar, y quienes se niegan a dar de sí mismos detienen el flujo de la abundancia y ésta no puede entrar en su mundo. En el evangelio según san Lucas leemos: «Dad y se os dará: una medida buena, apretada, remecida, rebosante»[24].

Serapis Bey enseña que los hombres tienen que aceptar la generosidad de Dios con agradecimiento y eliminar de su conciencia la necesidad de acumular o separar para sí parte de la conciencia de Dios. Tienen que reconocer que la abundancia de Dios es una cornucopia, que es interminable y que está repleta de abundancia para todos. Los maestros dicen que, al igual que el genio antaño invocado por Aladino, la humanidad no tiene más que hablar y extender la mano para ser capaz, en la era venidera, de satisfacer todas sus necesidades.

Que estas palabras resuenen como tonada en tu mente:

*Gratitud a ti, YO SOY, Yo Divino dentro de todos,*
*gratitud por contestar todos nuestros llamados,*
*gratitud por darnos más misericordia de la que merecemos,*
*gratitud por la oportunidad de servir.*

### Gratitud por el karma

El versículo 7 del capítulo 6 de Gálatas explica la ley del karma a la perfección: «No os engañéis; de Dios nadie se burla. Pues lo que uno siembre, eso cosechará». Sabemos que a tenor de la ley del karma y la reencarnación todos hemos vivido muchas vidas y pasado por multitud de situaciones. Todos hemos sido príncipe y mendigo, santo y pecador, hombre y mujer, padre e hijo, profesor y alumno.

Gracias a esta variedad de experiencias, nuestra alma es instruida. En el mejor de los casos, aprendemos nuestras lecciones y avanzamos hacia el siguiente nivel. En caso contrario, las pruebas que no hemos pasado, que hemos rechazado o que hemos calificado con negatividad vuelven a presentarse ante nosotros en esta vida o en una vida futura. Quien está siendo enseñada es el alma, no la personalidad.

Sobrevienen a menudo enfermedades, reveses financieros u otras formas de adversidad que nos hacen caer de rodillas y que le obligan al alma a aprender una lección, ya que quizá durante vidas de felicidad y de abundancia le dimos la espalda a Dios y a Sus leyes, dando por hecho que siempre íbamos a recibir las bendiciones de la vida.

Quienes se encuentran hoy en la pobreza quizá hayan abusado de la riqueza en el pasado y tengan que experimentar físicamente esa penuria para poder apreciar la abundancia de Dios.

Parece ciertamente incongruente decir que deberíamos estar agradecidos cuando el karma regresa. El karma es, aparentemente, lo último en este mundo que uno quiere bendecir. «No obstante, bendice todo, todo, todo —enseña Elizabeth Clare Prophet—, lo negativo, lo positivo, el karma, los problemas: porque son tus instructores; todos ellos son lecciones. Y si las cosas no van bien, alaba a Dios por permitir que vayan mal y recordarte así que tienes que intensificar tus oraciones pidiendo luz. La Ley es justa, pero el alma debe demostrar esa Ley día a día.»

Continúa diciendo: «La Gratitud Divina, como espíritu vivo de determinación presente dentro de ti, te permitirá alcanzar la victoria. No esperes a que llegue el día de la victoria total sobre tu karma para ser feliz; porque si lo haces nunca llegará el día en que saldes todo tu karma.

»Tienes que expresar gratitud por el karma, por la lección que te está enseñando, por la responsabilidad que te está dando, por obligarte a afilar las herramientas de la mente, del corazón, del alma y del cuerpo, para así pagar tus deudas. Alabar a Dios y sentirse agradecido es la clave para la victoria del alma.»[25]

*En este punto, mientras meditas sobre la gratitud divina, me gustaría que cada uno entrara en el corazón propio de un artista espiritual, un corazón cargado con el resplandor del amor divino. Me gustaría que te olvidaras por un momento de tu identidad, así como de cualquier montón de problemas indivi- duales que acarrees contigo, y me gustaría que entraras en el corazón del Padre. Me gustaría que pensaras en el gran rey, tu Poderosa Presencia YO SOY, el regente del reino de tu ser, el gobernante del gran mundo macrocósmico, de los reinos estelares del universo entero. Me gustaría que sintieras gratitud hacia Él por haber creado ese diseño.*

*Y, ¿sabes qué?, cuando comiences a expresar gratitud hacia Dios por hacer el diseño de la perfección de tu vida, en ese mis- mo momento empezará a emitir la plenitud de esa perfección en tu mundo. Y eso es el principio de la ascensión, porque la luz puede penetrar en los átomos de tu forma y puede disminuir la frecuencia de la densidad humana y eliminar la causa y el nú- cleo de la discordia; y así emerge el hombre divino. Y eso es para el corazón de Dios algo bello y gozoso por siempre[26].*

*Pablo el Veneciano*

El maestro ascendido Pablo el Veneciano estuvo encar- nado como Paolo Veronese (1528-1588), un pintor italiano de gran renombre. Muchos de sus cuadros están exhibidos en museos y todavía conservan la viveza de los colores ori- ginales. Es ahora el maestro ascendido que ocupa el cargo de chohán* del tercer rayo, el del amor divino.

Elizabeth Clare Prophet dijo una vez: «Ahora ya cono- ces la enseñanza del karma que se imparte en Oriente. Es la ley que dice que saldamos karma, y que hay muchos sende- ros de yoga que nos permiten hacerlo, senderos que nos llevan a superar las rondas del renacimiento. Pero sobre todo se refiere a restituir, paso a paso y una a una, a todas las personas con las que alguna vez hayamos estado en contacto y con quienes haya habido un flujo de energía inferior al flujo de la luz del Yo Real. Esto quiere decir todo tipo de intercambio humano.

»¿Te imaginas que en los próximos veinticinco años tuvieras que encontrarte con todas las personas que has conocido en las encarnaciones correspondientes a los últimos doscientos cincuenta mil años? Sería como una película a cámara rápida donde todos corren de un lado a otro e intentan frenéticamente saldar ese karma antes de que llegue el día del ajuste de cuentas.

»Pues bien, hace cientos de miles de años, Saint Germain previó esta circunstancia. Mientras nosotros todavía estábamos calificando de forma errónea la energía, él concebía un plan para lograr que, con el tiempo, nos despertáramos, que hubiera esperanza, que hubiera intercesión, que hubiera dispensaciones, que hubiera una salida. En eso consiste la llama violeta. El regalo de Saint Germain, después del regalo de la Presencia YO SOY y del Yo Crístico, es esta suprema dedicación de la llama de la libertad en el altar de tu corazón.»

Podríamos pasar vidas enteras meditando antes de llegar a ver la llama violeta; pero Saint Germain amó tanto al mundo que se le confió que nos trajera esta instrucción para que la pudiéramos tener por escrito.

Sin embargo, tal dispensación le salió muy cara. Como regalo de luz y energía para que la humanidad pudiera experimentar con la alquimia de la autotransformación por medio del fuego sagrado, él ofreció a los Señores del Karma el *moméntum* de llama violeta que había acumulado en su chakra del corazón y en su cuerpo causal.

La Sra. Prophet enseña que «la llama violeta es, pues, la forma de evitar que descienda sobre nosotros un karma tan intenso que el cuerpo no pueda resistir la espiral de energía y tenga que pasar por la muerte, para luego volver a encarnar. He visto cómo ello sucede una y otra vez. Los individuos han llegado al momento del ajuste de cuentas, un punto determinado en el tiempo y el espacio en el que, de acuerdo con lo que se denomina su reloj cósmico, los ángeles del karma dejan caer pesadamente en su puerta una cierta porción de energía que fue calificada erróneamente hace veinticinco mil años».

Ella ha explicado también que el descenso del karma es como si éste nos llegara en una bolsita todos los días. Si a diario hacemos oraciones e invocaciones, podemos transmutar esa asignación kármica. Pero si no lo hacemos, se acumula en nuestro cinturón electrónico para ser transmutado en otro momento o en otra vida.

La Sra. Prophet continúa: «Vienen los ángeles y eso es lo que hacen: lo dejan caer pesadamente. Es como un bulto de energía. Lo dejan en la puerta: ahí lo tienes. Y de repente, te enfermas mortalmente. Tienes que guardar cama. Primero, estás sano; un segundo después, estás enfermo. Si hay en ti el suficiente flujo de fuego, juventud y vitalidad, puedes superar esa espiral, que es transmutada al pasar por los cuatro cuerpos inferiores».

Muchas personas han pasado por experiencias en el umbral de la muerte: han sido declaradas legalmente muertas, su corazón ha dejado de latir y luego, súbitamente, han regresado a la vida. Yo misma experimenté un paro cardíaco hace diez años y mi vida fue alargada.

«El sufrimiento de los santos es otra forma de transmutar el karma —nos dice la Sra. Prophet—, es llevar los pecados del mundo en el cuerpo de Cristo por medio del sufrimiento. Es el método doloroso. La dispensación de Acuario nos brinda la oportunidad de saldar el karma utilizando combustión espontánea. La llama que está en tu corazón puede pasar a través de los cuatro cuerpos inferiores y consumir la causa y el núcleo de las espirales del karma antes de que se manifiesten como enfermedades, problemas, pesos o catástrofes en nuestra vida.»[27]

El siguiente es otro aspecto de la misma ley en funcionamiento: puede que las personas de gran riqueza la hayan recibido en esta vida para ver cómo van a reaccionar ante la abundancia. También puede ser que hayan abusado de las riquezas en el pasado y ahora su prueba (en lugar de vivir en pobreza) sea ver si pueden compartir estos bienes con los necesitados y si pueden dar buen uso a sus riquezas poniéndolas al servicio de Dios y de su prójimo. Puede que muchos filántropos estén saldando el karma de haber abusado de la abundancia en el pasado.

Muchas veces una enfermedad mental es el castigo que alguien recibe por haber abusado de la mente de Cristo, por haber preferido que se manifestaran en su vida las vibraciones de ira, de rebelión, de resentimiento, de crueldad, y similares, en lugar de las cualidades divinas del amor, la alegría y la armonía.

Aunque ninguna otra ley opera en esta situación salvo la ley de la justicia, es un hecho cierto que el alma muchas veces se expande bajo coacción, de una forma que no haría si no estuviera pasando la prueba por la que está pasando.

Vaivasvata Manu dice: «Algunas personas que han sufrido una aparente calamidad o pérdida sienten la tentación de clamar a Dios a gritos porque las ha abandonado, porque les parece que la vida ha sido cruel con ellas.

»A duras penas comprenden los hombres la magnitud de la bendición y de la gloria que sobre sus vidas descansan gracias a la infinita merced de Dios. La responsabilidad solemne de expresar gratitud —algo que todos deberían sentir y compartir— es un sencillo método para que las compuertas del cielo se abran y derramen sobre todos las maravillas de la gracia desde la cornucopia de la abundancia divina. Lo único que puede retener o reprimir estas cataratas de bendición es una conciencia impura, cosa que ocurre cuando los hombres cristalizan sus sentimientos y pensamientos convirtiéndolos en insensibilidad hacia los demás, hacia cualquier ser vivo o hacia la Deidad misma.»[28]

El Morya aconseja: «Cada vez que suceda en tu vida una situación de desequilibrio, tienes que considerar que es una oportunidad en el presente de corregir un error del pasado. Es así como se salda el karma. "Pues lo que uno siembre, eso cosechará."[29] Y así se cumple la ley»[30].

### Hábito y moméntum

El Gran Director Divino dice que «no es intención de Dios que los hombres y las mujeres sufran. Pero por medio del sufrimiento y del dolor han aprendido que el horno quema, que no hay que tocarlo. Se han quemado, y como se han quemado, no se acercan. Lo triste es que algunas personas, después de quemarse, continúan haciéndolo, y estas acciones desarrollan un *moméntum*. Éste es el poder del hábito»[31].

El hábito se construye capa sobre capa en el polo del Ser: la columna vertebral. Cada vez que caemos en un hábito negativo, un *moméntum* negativo, un pensamiento o sentimiento negativo, esa vibración en particular da otra vuelta alrededor de nuestro árbol de la vida; y ya sabes que el poder de un imán aumenta cuanto más alambre enrosquemos sobre él.

Maitreya* dice que podemos cortar la espiral. No tenemos que desenrollarla de nivel en nivel. Pero sí tenemos que comprender que nos enfrentamos con un *moméntum*. Cuando sabes que has desarrollado *moméntum* negativo en tu vida y ese *moméntum* negativo o pesimismo se refleja en tu astrología, a ese punto tienes que dirigir la luz.

Di con el Maestro Kuthumi: «YO SOY luz, candente luz, luz radiante, luz intensificada. Dios consume mis tinieblas, transmutándolas en luz». Cuando digas, «YO SOY luz», visualiza esa luz dirigida a tu mente subconsciente y a la inconsciente, donde yace ese *moméntum* que quizá no has afrontado en miles de años. Envía penetrantes rayos de luz a esa espiral negativa que se ha enrollado alrededor de tu ser.

### Yo Soy luz
*por KUTHUMI*

YO SOY luz, candente luz,
luz radiante, luz intensificada.
Dios consume mis tinieblas,
transmutándolas en luz.

En este día YO SOY un foco del Sol Central.
A través de mí fluye un río cristalino,
una fuente viviente de luz
que jamás podrá ser cualificada
por pensamientos y sentimientos humanos.
YO SOY una avanzada de lo Divino.
Las tinieblas que me han usado son consumidas
por el poderoso río de luz que YO SOY.

YO SOY, YO SOY, YO SOY luz;
yo vivo, yo vivo, yo vivo en la luz.
YO SOY la máxima dimensión de la luz;
YO SOY la más pura intención de la luz.
YO SOY luz, luz, luz
inundando el mundo dondequiera que voy,
bendiciendo, fortaleciendo e impartiendo
el designio del reino del cielo.

### Desapego

Wayne Muller, en *Legacy of the Heart* («El legado del corazón»)[32], dice que parte de la práctica de soltar, de desapegarse de algo, consiste en fomentar el agradecimiento por todo lo que hayamos recibido en nuestra vida. El agradecimiento es una práctica que hace posible que nos sintamos alegres, porque la alegría emana del agradecimiento.

El Buda Gautama enseñó la ley de estar desapegado del placer o de la tristeza, de las riquezas o de la pobreza. Determinó que el deseo es la causa del sufrimiento. Y, sin embargo, hemos de retener cierta cantidad de deseo adecuado. El maestro se refería al deseo desmedido, que provoca desdicha. Hemos de desear las cosas buenas de la vida, la unión con Dios y, finalmente, nuestra ascensión en la luz.

Podemos saldar nuestro karma, pero al hacerlo puede que no realicemos nuestro plan divino. Y, por consiguiente, seguimos reencarnando porque, al no haber comprendido cabalmente la ley del deseo, no hemos fusionado nuestra conciencia externa con la conciencia interior. Debemos estar apegados al logro, a la ascensión, a vivir correctamente en la conciencia de Dios. No debemos estar apegados a todas las posesiones, cosas y autoconciencia que son ajenas a Dios.

Como puedes ver, si no tenemos ningún deseo y ningún apego, nos convertimos en un ser sin voluntad propia. No es así como hemos de reaccionar ante el libre albedrío. El hacerlo así constituye una interpretación errónea de las enseñanzas de Oriente, del Buda y de los seres iluminados. Para crear, hemos de tener deseos. Dios deseó crear, o de lo contrario la creación no hubiera sido una realidad.

El Buda Maitreya explica el punto de vista de los maestros sobre el desapego: «No condenamos a quienes desean vivir en la pobreza ni a quienes desean permanecer en un entorno humilde. Más bien, quisiéramos señalar que lo que la Ley le exige al individuo es el desapego, no importa cuál sea su posición en la vida; y con esto nos referimos a estar desapegado de personas, lugares, condiciones y cosas. El hombre puede estar tan apegado a su estado de pobreza como puede estar apegado a las cosas, y muchas veces vemos que la pobreza se convierte en una especie de tribuna improvisada desde la que los "pobres" critican a los "ricos".»[33]

El Morya habla de la vida desde el otro lado de la moneda del desapego al describir su Retiro de la Buena Voluntad en el reino etérico ubicado sobre Darjeeling, en la India:

«Que todos comprendan que, así como nuestro palacio de luz en Darjeeling refleja toda la majestuosidad del palacio de un maharajá, y llega incluso a superarla, Dios no le prohíbe a su hijo participar de Su abundancia. Pues estas bendiciones están dentro de la latitud del privilegio cósmico. Se las gana el alma que sabe que todo proviene de Dios y que hay que usarlo todo para bendecir la vida en abundancia; "porque a quien tiene se le dará y le sobrará; pero a quien no tiene, aun lo que tiene se le quitará"[34]. Mas a los espiritualmente ricos y a los espiritualmente pobres les digo: tu vida no está en lo material, sino en lo espiritual. Sin embargo, cuando te entregas por entero a Dios, puedes recibir todas las cosas por añadidura sin problemas. "Mayor felicidad hay en dar que en recibir."[35] Pero si primero no recibes, permíteme preguntar: ¿cómo puedes dar?

»Por lo tanto, el Padre quiere concederte su Espíritu así como bienes materiales cuando los Señores del Karma ven los beneficios que por medio de tu bendita corriente de vida va a recibir la humanidad. La voluntad de Dios lo es todo. Pues proporciona la chispa que hace retroceder la oscuridad de la conciencia sensorial, de la ignorancia y de la desesperación, mientras mantiene en alto la antorcha de la verdadera iluminación para el alma buscadora, permitiendo que cada individuo se pierda en la pasión de la voluntad de Dios.»[36]

### Alegría por medio de la gratitud en acción

No esperes a adquirir más entendimiento espiritual para comenzar tus experimentos de prosperidad. Pon hoy en acción el conocimiento que ya tienes y observa cómo se multiplica. *Acción*, no *dilación*, debería ser tu lema.

Lanto dice: «¡Lo que cuenta no es lo que sabes, sino lo que haces!»

Y El Morya: «La dilación es una enfermedad que significa la muerte del chela». La simple repetición de palabras de agradecimiento no es suficiente. Tienes que demostrar, por medio del servicio, el fervor de tu adoración y gratitud a Dios. La gratitud en acción consiste en dar las gracias a Dios y a los maestros ascendidos por haberte liberado. Y agradecido por esa liberación, entregas tu vida para que otros puedan recibir la misma bendición.

Algunas personas creen que lo único que hace falta es sentarse a meditar sobre pensamientos de provisión abundante, y que la prosperidad llegará sin más esfuerzo. Eso es limitar la ley simplemente al pensamiento. Cuando Dios quiso crear, pronunció el fíat: «Hágase la luz; y la luz se hizo»[37]. Además de meditar sobre pensamientos de abundancia, lo cual es necesario, tenemos que usar el poder de la Palabra hablada y afirmar la provisión.

El Morya tiene sobre este tema palabras inolvidables: «Cuando contemplas las espaldas encorvadas, cuando ves el peso de la opresión y las cargas de la humanidad, cuando ves los estragos de las enfermedades, el tumulto del mundo, la agitación, las agitadas corrientes de la sustancia ensombrecida: entonces sabes que eso no es la voluntad de Dios y que, inmediatamente, puedes convocar las energías del cielo para invocar y evocar la pureza desde el corazón de Dios. Y así, por la acción correcta, muchos podrán mantener las antiguas alianzas y se hará evidente el camino del Señor.

»La acción vibratoria y el temple del ser humano es mucho más importante para el Dios Altísimo que una frase altisonante, que a los ojos del cielo puede estar vacía y desprovista de realidad. La realidad es el poder que puede resistir siglos y permanecer fijo como la estrella Polar, el verdadero norte del ser humano.

»Muchos no han meditado sobre el concepto de que el Altísimo necesita acción por parte del individuo a quien ha investido con mucho de Su amor. La magnitud del amor que Dios derrama a la humanidad no sólo la prodigan los padres y la sociedad sobre los jóvenes, sino también muchos seres invisibles de protección y perfección que han dado su amor y energía sagrados a una sola corriente de vida.»[38]

Cuando el camino parezca oscurecerse, reza pidiendo guía e iluminación espiritual. Sirve a los demás para así avivar la llama de la alegría, y todos querrán tenerte cerca. Puede que en la vida de quienes no expresan abundancia falte una sola cualidad: *alegría*. La alegría es la esencia optimista del amor de Dios expresado en tu vida y que atrae todas las bendiciones del cosmos.

Algunas personas están continuamente deprimidas. Esto es el epítome del egoísmo, pues están negando las bendiciones que Dios anhela concederles, solo con desear aceptarlas. La soledad puede también llegar a ser una manifestación de egoísmo. Hay tantas personas solas en el mundo que, en lugar de quedarte sentado y estar solo, puedes dar de ti mismo y de tus talentos a los demás. Así, de repente, al poner tu gratitud en acción, vuelves a estar contento y comienza a cantar en tu vida la llama de la alegría.

Si no sabes por dónde comenzar, hay muchas organizaciones benéficas que necesitan ayuda urgente. Puedes ayudar en un hospicio, servir como padrino o madrina de algún niño procedente de una familia desestructurada, ayudar en clínicas de reposo o leer para personas que no pueden salir de casa. Hay muchas formas de ayudar a personas que te necesitan y que necesitan de tu amor. Abre tu corazón a las necesidades de los demás y pronto estarás tan ocupado que no tendrás tiempo de sentirte desgraciado y solo. ¡Te lo garantizo!

Jesús dijo:

*«En verdad os digo que cuanto hicisteis a uno de estos hermanos míos más pequeños, a mí me lo hicisteis»*[39].
*No os amontonéis tesoros en la tierra, donde hay polilla y*

*herrumbe que corroen, y ladrones que socavan y roban.*
*Amontonaos más bien tesoros en el cielo, donde no hay*
*polilla ni herrumbe que corroan, ni ladrones que socaven y*
*roben.*
*Porque donde esté tu tesoro, allí estará también tu corazón*[40].

La Madre Teresa de Calcuta demostró su agradecimiento a la vida dando vida a los demás, y en ese proceso entregó el regalo más excelso: se dio a sí misma. Dijo: «Hay hambre de pan común, y hay hambre de amor, de bondad, de consideración. Ésta es la gran pobreza que tanto hace sufrir a la gente».

Albert Schweitzer dijo: «No sé cuál va a ser tu destino, pero sí sé una cosa: las únicas personas que serán felices, serán aquéllas que hayan buscado y encontrado cómo servir».

Como escribió Kahlil Gibran: «Para quienes dan con alegría, la alegría misma es su recompensa». Y Mahoma señaló que la verdadera riqueza de una persona es el bien que haga en este mundo.

Jesús afirmó: «A menos que seáis como niños pequeños, de ninguna forma entraréis. Convertirse en niño con la santa inocencia de la pureza de corazón, de maravillarse y asombrarse ante las estrellas y el sol, el mar y el firmamento, las onduladas praderas, apreciar con bondad los dones de la vida que son gratuitos: ésta es la inocencia candorosa que no ha sido contaminada por el mundo y su sofisticación, su sólida insensibilidad, sus rascacielos que atrapan almas, que no les permiten respirar los frescos vientos del Espíritu Santo.

»Recuerda que, en las colinas de Judea, el Cristo tomó los panes y los peces que tenía un muchacho y los partió, y con ellos alimentó a la multitud. No recurrió a reyes ni a los hombres grandes y notables que había en su audiencia; los tomó de un niño desconocido. Por lo tanto, un niño pequeño hoy guiará a los hombres a la vida eterna.

»Ese niño pequeño es el niño Cristo dentro de su propio corazón.»[41]

Asimismo, Jesús enseñó: «La alegría ha de surgir como resultado de apreciar la vida tal como es en un momento determinado. ¿Es una gota de rocío reluciente?, ¿el rostro de un niño, una sonrisa?, ¿algo valioso que no tiene precio, porque viene directamente del corazón?

»Si así lo deseas, haz una lista de todas las cosas que te produzcan alegría y afírmalas. A tu deliberación dejo el encontrar cómo regresar al lugar de la alegría, pero sugiero que la forma más maravillosa de percibir de continuo la llama de la alegría de la vida es por medio de la gratitud en acción.

»La alegría no puede estar pensando en sí misma mucho tiempo, porque alegría es algo que damos. Y, al hacerlo, esa alegría engendra más alegría dentro de nosotros.»[42]

Expresa gratitud a Dios por todos los dones de la vida, por todos ellos sin excluir ninguno. ¿Sabías que dar el diezmo es una oración de acción de gracias, un acto de gratitud? Vamos a tratar este tema con detalle en el siguiente capítulo, pero digamos aquí que Dios nos ha bendecido con tanta abundancia que a nosotros corresponde aceptar su gratitud y dar con alegría de nuestros bienes.

«La alegría de Dios es el motor de la vida que elimina de la mente toda sensación de frustración y de monotonía»[43], nos explica el Buda Maitreya.

*Imagen 4. Pablo el Veneciano*

## Meditación sobre la gratitud
### de MARK L. PROPHET

Oh, Tú, benefactor de toda la humanidad y de la asociación de almas por todo el universo, invocamos esta noche Tu llama de misericordia. Pues fue un acto de misericordia y providencia divinas lo que guió a los peregrinos a estas costas hace mucho tiempo, lo que ha socorrido a todos los que necesitan experimentar el mundo espiritual a lo largo de los siglos y los milenios. Los corazones de los hombres, hijos Tuyos son: esos dulces momentos en los que pueden abrazar la causa divina y contemplar el resplandor divino. Somos hijos de Tu corazón, todos sin excepción. Somos hijos de Tu Presencia. Y en cada hora nos es suficiente Tu gracia.

Concédenos, pues, la gracia de estar agradecidos en este día y en esta noche por todo lo que ha ocurrido en nuestra vida, tanto aquello que hemos considerado oscuridad como aquello que hemos considerado luz. Porque nuestras experiencias nos han puesto a prueba, nos han exaltado y nos han rebajado. Y todo esto ha sido para la criba del alma, para la purificación de la conciencia, para la exaltación de Tu Presencia dentro de nosotros con el fin de que te prefiramos a Ti en honra y defendamos ante los hombres Tus leyes y a todas partes irradiemos Tu luz.

Pedimos ahora en Tu santo nombre que cargues y satures la atmósfera con la presencia de los ángeles y de los principios celestiales que nos permitan reconocer Tu aparición. Pues si no Te contemplamos, moramos en la oscuridad. Y gracias a contemplarte, nuestra vida se llena de luz. En el nombre del Cristo viviente, te damos las gracias.

Amén[44].

# 8

# *La ley del diezmo*

¿Tienes problemas financieros en este momento? Es muy posible que se deba a que no das el diezmo. Son tantas las personas que ignoran este gran secreto de la prosperidad, que me gustaría describir la práctica de dar el diezmo con todo detalle, tal como se me explicó a mí hace muchos años. He cumplido con esta ley durante toda mi vida adulta y, gracias a ello, he cosechado bendiciones imposibles de enumerar. Por eso me gustaría compartir contigo esta gran ley de la abundancia.

### El significado del diezmo

La palabra *diezmo* significa literalmente una décima parte de algo. Es incorrecto suponer que la ley no exige sino un diezmo de nuestro dinero. Tiene que haber un diezmo de tiempo y energía, de posesiones y capacidades, así como de dinero. Le pertenecemos a Dios por completo y tenemos que demostrarle que reconocemos esta propiedad, y se lo demostramos dando una décima parte de todo lo que somos, incluyendo nuestras finanzas.

Quizá te preguntes: «¿Debe el diezmo ser en forma de dinero o de servicio?» La respuesta es: ambos. Esto quiere decir que le puedes dar el diez por ciento de tus bienes terrenales a la iglesia de tu elección y que, por medio del servicio, puedes dar el diez por ciento de tu asignación de energía. Este regalo de uno mismo debería estar dedicado al reino de Dios en la Tierra por medio de oraciones, invocaciones, meditaciones y servicio a Dios ayudando al prójimo.

Cuando reflexionamos sobre el diezmo, comprendemos que no es algo que nos pertenezca, algo que nosotros entregamos; es algo que ya le pertenece a Dios. Sin embargo, cuando el hombre le entrega el diez por ciento de su riqueza, a cambio Dios lo multiplica y le devuelve el cien por cien, ya sea en forma de provisión, ya sea en forma de bendiciones tangibles o intangibles.

El diez por ciento que el hombre le da a Dios en forma de servicio se convierte en tesoros acumulados en el cielo. Es un depósito de energía en su cuerpo causal que le permite atraer cada día mayor cantidad de luz de la que le correspondería. Y un diezmo de energía tendrá como resultado la misma multiplicación: aumentará la asignación del hombre hasta completar un cien por cien.

He hablado con muchas personas sinceras que, cuando han recibido la explicación del diezmo, me han dicho: «Me parece una idea fantástica y me gustaría empezar a practicarla. Pero en estos momentos, me resulta imposible. En cuanto pague mis deudas, comenzaré a dar el diezmo». ¡No se trata de eso! Cuanto mayores sean tus dificultades actuales, mayor es la necesidad que tienes de recibir el aumento que Dios te envía cuando empiezas a darle el diezmo.

¡Comienza de inmediato! Si esperas hasta que creas tener el suficiente dinero para dar el diezmo, probablemente nunca comiences. Obedecer esta ley espiritual exige un salto cualitativo importante en cuestión de fe respecto al trato que establecemos con Dios. No se puede «dar el diezmo a medias». El diezmo es una décima parte, y si no damos el diez por ciento, no estamos dando el diezmo; no estamos más que haciendo contribuciones ocasionales.

### Cómo mi padre demostró la ley del diezmo

Tuve la dicha de nacer en una familia donde dar el diezmo era parte integrante de la vida. Mi padre sufrió un infarto cuando todavía era relativamente joven, con una esposa y tres hijas a su cargo. En realidad, la más pequeña sólo tenía dos años.

Vivíamos en Denver (Colorado), y el doctor le dijo que si quería sobrevivir, debía mudarse a un lugar con altitud inferior. Le dijo que podría vivir unos seis meses si se marchaba a la costa, pero sólo seis semanas si permanecía en Colorado. No teníamos dinero porque ya llevaba enfermo algún tiempo. Recuerdo que una noche, cuando pasaba por el pasillo, lo vi de rodillas al lado de su cama. Nunca olvidaré la promesa que le hizo a Dios. Dijo: «Padre, si me permites vivir para poder cuidar a mi esposa y a mis hijas, te prometo que te daré el diez por ciento de todo lo que gane durante el resto de mi vida».

Este episodio dejó una huella tan profunda en mi joven mente que nunca he olvidado su sinceridad ni cómo Dios dio respuesta a su oración. Vendimos los muebles y todas las posesiones familiares a fin de conseguir el dinero para la gasolina y nos marchamos a Los Ángeles. Dios no olvidó Su parte del trato: mi padre vivió en California otros 38 años —no seis semanas— en relativa buena salud.

Desde ese día en adelante, dar el diezmo era aceptado como algo normal por toda la familia. Si yo recibía diez centavos como asignación semanal, siempre daba uno en la escuela secundaria. Este hábito adquirido a edad temprana me acompañó a mi matrimonio y a nuestra empresa, y estoy segura de que ésta fue la razón de nuestro éxito.

### Paga el diezmo primero

Es muy fácil calcular cuánto dinero representa el diezmo: una décima parte de tus ingresos netos después de impuestos. Hay personas que pueden incluso dar la décima parte de sus ingresos brutos; aunque es preferible hacerlo, actualmente, con la presión fiscal imperante, no siempre es posible. En los días del Antiguo Testamento, bastaba con dar a la obra del Señor la décima parte de los rebaños, los cereales, las aceitunas y demás cosas que un hombre poseía.

Sin embargo, ten la seguridad de que el diezmo no es el diez por ciento de lo que puedas ahorrar cada mes. Paga primero el diezmo, antes de pagar otras cuentas, y verás que, milagrosamente, queda suficiente dinero para pagar el resto de los gastos. Al hacerlo, estás demostrando tu fe en Dios, tu fe en que Él va a cumplir con Su parte del trato y te va a suministrar lo necesario para que tú cumplas con tus responsabilidades. Si ello no es posible y has hecho un verdadero esfuerzo por dar el diezmo, entonces puede que estés viviendo por encima de tus posibilidades y tengas que ajustar temporalmente tu presupuesto y estilo de vida.

Pero si lo que sucede es lo contrario y decides pagar primero tus facturas y luego el diezmo, normalmente no queda dinero a finales de mes para honrar tu alianza con

Dios. Realmente no estás dando el diezmo si esperas hasta fin de mes para ver si te queda algo para poder dárselo a Dios.

Deberías dar el diezmo con actitud de agradecimiento, no con el temor o la preocupación de que no va a quedar lo suficiente para cubrir otras obligaciones.

El profeta Malaquías declaró:

*«Llevad el diezmo íntegro a la casa del tesoro, para que haya alimento en mi casa; y ponedme así a prueba, dice Yahveh. Sebaot, a ver si no os abro las esclusas del cielo y no vacío sobre vosotros la bendición hasta que ya no quede»[1].*

Pon a prueba a Dios, como Él nos ha pedido que hagamos, y después dale gracias por sus bendiciones. «Gratis lo recibisteis; dadlo gratis»[2], es la ley de la vida abundante.

La respuesta a con qué frecuencia se debe pagar el diezmo es muy sencilla. El diezmo debería ser apartado cuando recibas tus ingresos, semanal, mensual, trimestral o anualmente, o lo que sea. No se puede establecer ninguna regla definitiva porque puede que recibas dividendos en diferentes momentos aparte de tu sueldo normal.

### Reconoce la propiedad de Dios y la mayordomía del hombre

La base del diezmo es reconocer que Dios es el dueño y el hombre es el administrador. La principal recompensa de este reconocimiento es el aumento de la espiritualidad. La mejora de nuestros asuntos financieros es, en realidad, algo secundario cuando vemos lo cerca que nos sentimos de Dios al estar dispuestos a trabajar con Él como socio.

Dar el diezmo es una forma práctica de mostrar que estamos obedeciendo la enseñanza de la que habló Jesús cuando dijo: «Buscad primero su reino y su justicia, y todas esas cosas se os darán por añadidura»[3].

En el acto de dar el diezmo ponemos en movimiento una secuencia de causa-efecto: al dar creamos un vacío que el universo se apresura a llenar con abundancia. Porque *la naturaleza aborrece el vacío*. Ésta es una ley importante que hemos de tener en cuenta porque al vaciarnos ocurre que se nos llena de luz, una y otra vez.

El diezmo nos libera de todas las preocupaciones que se presentan en tiempos de crisis económica, porque al darlo entramos en asociación con Dios y con los maestros ascendidos para ayudar a manifestar el reino de Dios en la Tierra. Al dar el diezmo, intercambiamos nuestro miedo a la penuria con fe en la provisión y cuidado de Dios. Cuando baja el mercado de valores o cuando el cheque de nuestra comisión es de menor cuantía que la esperada, ése es el momento de aumentar las oraciones y afirmaciones de prosperidad. Saint Germain nos ha dicho que la ansiedad es el mayor freno a la precipitación.

Llena tu mente de pensamientos de abundancia y agradecimiento por las bendiciones llegadas. Sal a dar un paseo, levanta la mirada a las nubes y di: «¡Oh, Dios, qué grande eres!» Entona una canción devocional, tómate un momento para centrarte en el corazón: haz algo que cambie por completo tu campo energético y borre de tu conciencia lo que te esté angustiando.

## Amigos de luz

Algunas veces, lo único que hace falta para pasar con éxito una prueba es saber que tenemos amigos de luz (arcángeles, ángeles, maestros ascendidos) que nos defienden y que rezan pidiendo que triunfemos. El Arcángel Miguel hace con nosotros un pacto maravilloso. Nos dice: «Dame tus dudas, tus miedos, tus preguntas; y yo te daré mi fe». No hace falta que pasemos por todo esto a solas; todos en el cielo están prestos a ayudar sólo con que hagamos el llamado que les da la autoridad para entrar en nuestra vida y de ayudarnos.

Somos muchos los que llevamos una pequeña imagen del Arcángel Miguel en el automóvil (la puedes encontrar en tiendas de artículos religiosos) y repetimos muchas veces al día el mantra que leerás seguidamente. Al recitar estas palabras, en silencio o en voz alta, visualiza a este ángel, en toda su gloria y majestad, poniendo sobre ti su protección de llama azul. Visualiza que él y sus legiones de ángeles te rodean; y de esa manera derrotan y hacen retroceder cualquier pensamiento negativo que te esté asaltando.

¡San Miguel delante, San Miguel detrás,
San Miguel a la derecha, San Miguel a la izquierda,
San Miguel arriba, San Miguel abajo,
San Miguel, San Miguel dondequiera que voy!

¡YO SOY su amor protegiendo aquí!
¡YO SOY su amor protegiendo aquí!
¡YO SOY su amor protegiendo aquí!

### Diezmo habitual y sistemático

Dar de forma indiscriminada no es dar el diezmo. El diezmo tiene que apoyar con regularidad la obra de Dios y a aquéllos que la están realizando. Las contribuciones para familiares y para organizaciones comunitarias dedicadas a los pobres son causas dignas, pero deberían ser donaciones adicionales al diezmo, no parte de él. Pon tu confianza en Dios y en Su provisión inagotable y pronto encontrarás abundancia en tu mundo, no sólo para dar el diezmo sino también para otras necesidades legítimas.

La práctica de dar el diezmo ha sido para muchas personas un hábito permanente. Automáticamente, antes de fijarse en los gastos del mes, separan este diez por ciento que le pertenece a Dios. Resulta mucho más fácil si te haces a la idea de que tus ingresos mensuales son el noventa por ciento de lo que recibes. De esta forma no tendrás la tentación de gastar la parte de Dios.

### Un lazo con el Espíritu

La mensajera Elizabeth Clare Prophet definió el diezmo como un lazo con el Espíritu: «Puesto que estamos en el plano de la Materia, hemos de tener un lazo con el Espíritu. Nuestro lazo es nuestro diezmo. Y nuestro diezmo es la energía que recibimos de la Materia, que consagramos al Espíritu, a la iglesia de nuestra elección, al altar de nuestra elección. Eso se convierte, entonces, en una levadura, un punto focal, que multiplica nuestra sustancia»[4].

Fortuna, Diosa de la Provisión, enseña lo siguiente sobre el diezmo: «El acto de dar el diezmo te brinda *el vínculo* con la Presencia Divina. Cuando una décima parte de tu sustancia es consagrada a la realización del reino de Dios en la Tierra, tú mismo eres parte de ese reino. Y el equilibrio de oro, el diez por ciento de tu corriente de vida, se mantiene en el equilibrio de la Ciudad Cuadrangular universal.

»Así, el antiguo ritual de darle a Dios un diez por ciento de lo que tienes es sencillamente darle un diez por ciento de tu ser; y ese ser, al ponerlo en Sus manos, te añade el *moméntum* de precipitar cada vez más bienes. Algunas personas han observado las grandes recompensas recibidas cuando en el pasado dieron el diezmo.

»Recuerda que las leyes fueron dadas por Moisés para cumplir con la alianza divina. La alianza es la promesa —el contrato entre el Padre y el hijo— en la que el Padre dice: "Te daré todo lo que tengo si tú a cambio me das una parte de ti y me das tu voluntad consagrada al cumplimiento de mi plan".

»Dios siempre cumple con Su parte del contrato. Pero los hombres tratan de sacar más de lo que les corresponde por derecho y de esa forma lo pierden todo. Pues no buscan primero el reino de Dios que está en su interior para así poder obtener todas las cosas, sino que buscan primero esas cosas y de ese modo no obtienen ni las cosas ni el reino.»[5]

Mark Prophet, en su conferencia «Secretos de prosperidad», ilustró el concepto de que el diezmo es un lazo, a través del siguiente relato:

«Don R. G. Le Tourneau, empresario de maquinaria de construcción, siendo joven, al principio de su carrera en la construcción, convino con Dios entregarle el diez por ciento de todo lo que tuviera; su empresa de maquinaria es hoy una industria enorme. Pero él siempre ha usado este secreto de prosperidad: dar la semilla del *diezmo*, del *lazo*. Y como resultado, ha multiplicado sin cesar sus inversiones porque, para él, la ley no ha dejado de funcionar. Yo considero que uno de los secretos de la prosperidad es darle a Dios el diez por ciento de uno mismo. No hay ley que diga que tienes que dar más, pero creo que dar menos es agotar la semilla.»[6]

### Acepta a Dios como tu socio

Muchos de los grandes industriales, no sólo el señor Le Tourneau, han usado este importante secreto de prosperidad para triunfar en sus empresas. Aceptar a Dios como socio en nuestro negocio es una fórmula que trae no sólo abundancia sino también tranquilidad de espíritu para quienes la usan fielmente.

Henry Crowell de Quaker Oats, M. W. Baldwin, fabricante de equipo ferroviario, William Colgate, Napoleon Hill, Clement Stone y Norman Vincent Peale son unos cuantos de los reconocidos nombres de personas que han demostrado estas leyes de la abundancia. En realidad, Og Mandino, autor de *El mejor vendedor del mundo*[7], llega incluso a proclamar las bendiciones recibidas al dar como diezmo el cincuenta por ciento de los ingresos. Esta fórmula está esperando que la uses y que demuestres en tu vida las leyes del éxito.

Me gustaría citar algunas ideas más de la conferencia de Mark Prophet titulada «Secretos de prosperidad».

### La fuente de nuestra provisión es Dios

«Al usar los dones que Dios nos ha dado, los multiplicamos, y no tiene por qué ser en dinero. El dinero no es más que un medio de intercambio. Puede ser servicio. Pueden ser cosas que haces por los demás. Puede tratarse de personas que no son de tu familia o de familiares inmediatos. Una de las cosas que cristaliza la conciencia e impide que la provisión entre en tu vida es el sentimiento de que somos dueños de los demás. Muchas personas creen que su hijo, su esposa, su madre, su padre, su hermano o su hermana —en otras palabras, su familia— es lo más importante de todo.

»Tú no eres dueño de nadie y nadie es dueño de ti; todas las personas son libres. Y cuando sentimos que este círculo familiar es exclusivo, que excluye a todos los demás, ésta es una de las razones por las que se cristaliza la conciencia y se impide que llegue la prosperidad. Cuando comienzas a pensar que el mundo es tu familia, cuando comienzas a sentir y pensar en términos de amar a los que forman parte de tu familia y de hacer algo por personas que no pertenecen a ella —no necesariamente alguien que amas, sino alguien por quien no sientes nada—, entonces comienzas a pensar en términos divinos.

»Por lo tanto, creo que uno de los secretos más grandes de la prosperidad es la capacidad de desapegarse de la persona y de ser impersonal, porque todas estas cosas son imanes que te hacen divino. Y el secreto de todo esto es: "Yo he venido para que tengan vida y la tengan en abundancia"[8]. Ello indica que la fuente de la Presencia es el origen de tu provisión. No proviene de ninguna otra fuente.

»Tenemos que dejar de buscar nuestra provisión en la gente. Tenemos que esperar sólo de Dios; éste es el secreto, otro de los secretos de la provisión: no dependas de ningún ser humano. ¡Cuenta con Dios!

»Por supuesto, siempre que hablo de esta manera, me interesa que la gente entienda que la prosperidad es más una actividad del Espíritu que de la carne. A muchos nos gusta pensar que la prosperidad es de la carne: que nosotros hacemos algo y ganamos algo, que ponemos en práctica las leyes y recibimos enormes sumas de dinero.

»Parece que la gente siempre quiere dinero. Pero en realidad no es cierto. Más valiosos que ninguna otra cosa son la felicidad, el contento, la tranquilidad de espíritu, el entendimiento, la compasión, la tolerancia y todas las buenas cualidades de la vida. Y, sin embargo, todo esto no se puede comprar con dinero. Aunque en nuestro mundo moderno no se puede vivir muy bien sin dinero.»[9]

Debemos educar nuestra mente para que comprenda que la única y exclusiva fuente de provisión es Dios y que todo lo que nos llega, ya sea en forma de salario, inversiones, clientes o cualquier otro ingreso, es el método por el cual nos alcanza la inagotable provisión de Dios. Es entonces cuando tenemos que actuar para usar las riquezas del universo.

## Flujo

El principio del *flujo* es vital para comprender el diezmo. Jesús mostró que entendía esta ley con las palabras: «Dad y se os dará»[10]. En otro momento enseñó: «Mayor felicidad hay en dar que en recibir»[11].

No podemos ponerle un dique al flujo de nuestra provisión porque ésta se detendrá. Fíjate en el mar Muerto, en Tierra Santa. Tiene una entrada de agua, pero no tiene salida: el agua se estanca. Toda la vida está en el proceso de fluir, de dar y recibir, y para ser prósperos tenemos que seguir la corriente.

No debemos acaparar el dinero y los bienes porque eso también evita el aumento. Hemos de usar prudentemente la provisión que Dios nos ha dado, invertirla con prudencia y devolverle a Dios el diez por ciento. Reflexiona sobre la parábola de los talentos.

### La parábola de los talentos

*Es también [el reino de los cielos] como un hombre que, al ausentarse, llamó a sus siervos y les encomendó su hacienda: a uno dio cinco talentos, a otro dos y a otro uno. A cada cual según su capacidad; y se ausentó.*

*En seguida, el que había recibido cinco talentos se puso a negociar con ellos y ganó otros cinco.*

*Igualmente el que había recibido dos ganó otros dos.*

*En cambio el que había recibido uno se fue, cavó un hoyo en tierra y escondió el dinero de su señor.*

*Al cabo de mucho tiempo, vuelve el señor de aquellos siervos y ajusta cuentas con ellos.*

*Llegándose el que había recibido cinco talentos, presentó otros cinco, diciendo: «Señor, cinco talentos me entregaste; aquí tienes otros cinco que he ganado».*

*Su señor le dijo: «¡Bien, siervo bueno y fiel!; en lo poco has sido fiel, al frente de lo mucho te pondré; entra en el gozo de tu señor».*

*Llegándose también el de los dos talentos dijo: «Señor, dos talentos me entregaste; aquí tienes otros dos que he ganado».*

*Su señor le dijo: «¡Bien, siervo bueno y fiel!; en lo poco has sido fiel, al frente de lo mucho te pondré; entra en el gozo de tu señor».*

*Llegándose también el que había recibido un talento dijo: «Señor, sé que eres un hombre duro, que cosechas donde no sembraste y recoges donde no esparciste.*

*»Por eso me dio miedo, y fui y escondí en tierra tu talento. Mira, aquí tienes lo que es tuyo.»*

*Mas su señor le respondió: «Siervo malo y perezoso, sabías que yo cosecho donde no sembré y recojo donde no esparcí; debías, pues, haber entregado mi dinero a los banqueros, y así, al volver yo, habría cobrado lo mío con los intereses.*

*»Quitadle, por tanto, su talento y dádselo al que tiene los diez talentos.*

*»Porque a todo el que tiene, se le dará y le sobrará; pero al que no tiene, aun lo que tiene se le quitará.*

*»Y a ese siervo inútil, echadle a las tinieblas de fuera. Allí será el llanto y el rechinar de dientes.»*[12]

### Impuestos

Los diezmos pueden ser deducidos del impuesto sobre la renta de acuerdo con las leyes de los Estados Unidos y de otros países. Lo que nos retienen en la nómina va directamente al gobierno; el resto es lo que recibimos. Nuestras leyes tienen fuertes castigos para quien evade impuestos. Y, sin embargo, al negarnos a dar el diezmo, estamos engañando a Dios de la misma manera. El único castigo que se imparte es que perdemos las grandes bendiciones y la multiplicación que recibiríamos si comenzáramos por darle a Dios de buena gana.

Saint Germain nos ha explicado este principio. «Amados, quiza resulte trivial decirlo, pero, a pesar de ello, sigue siendo cierto en el presente, que nada hay tan seguro para los mortales como la muerte y los impuestos\*, ya que están atrapados en la imagen del hombre del siglo XX, que está en constante deterioro. Pienso, por lo tanto, en los escritos de Lucas acerca del nacimiento de Jesús y del decreto de César Augusto para que todos pagaran impuestos. Pienso en las palabras del Maestro Jesús: "Pues lo del César devolvédselo al César, y lo de Dios a Dios"[13], y sé con certeza que esta generación ha sido más diligente en darle de lo suyo al César que en sostener materialmente el establecimiento del reino de Dios en la Tierra. A la mayoría de los hombres no les parece necesario kármicamente darle a Dios lo que a Él pertenece.»[14]

Jesús obedeció las leyes de los hombres durante su encarnación en Galilea. ¿Recuerdas que cuando llegó el momento de pagar los impuestos salió un pez del agua con una moneda de oro en la boca? Pues bien, quizá no podamos pagar nuestros impuestos sacando una moneda de oro de la boca de un pez, pero Dios proveerá de una manera compatible con la cultura de nuestro siglo XXI.

### No puedes permitirte no dar el diezmo

Elizabeth Clare Prophet enseña que «no puedes permitirte *no* dar el diezmo porque entonces no habrá multiplicación. No te puedes permitir no dar el diezmo porque serás culpable de desobedecer ese aspecto de la ley divina. Si fueras un mendigo y no tuvieras sino un recipiente de arroz, una décima parte de ese arroz le pertenecería a Dios. Si tie-

---

\* Expresión popular en los EE. UU. referente a los dos aspectos —muerte e impuestos— cuya realidad no podrá evitarse. [N. del E.]

nes diez cucharadas, una es de Dios. Es una ley fundamental y no debe ser quebrantada.

»Según la ley del diezmo, si alguien le da a Dios el diez por ciento de sus riquezas, Dios le devuelve el cien por cien. Si tienes diez centavos y le das uno a Dios, él te devolverá los diez. Si tienes un dólar y le das diez centavos, él te devolverá el dólar. El diezmo es una ley inexorable que ha sido probada y demostrada a lo largo del tiempo. Nunca falla.»[15]

Al dar el diezmo damos cumplimiento a una alianza muy antigua establecida entre Dios y el hombre. Dar el diezmo era una de las leyes de Dios antes de la época de Moisés, pero hay personas en la actualidad que prefieren creer que esta ley estaba destinada sólo a los antiguos hebreos y no a los hombres y mujeres de hoy en día.

En el libro del Génesis, leemos cómo Abraham le dio el diezmo, una décima parte del botín de la batalla, a Melquisedec, rey de Salem. Mucho antes de Moisés, Melquisedec bendijo a Abraham:

*¡Bendito sea Abram del Dios Altísimo, creador de cielos y tierra,*
*y bendito sea el Dios Altísimo, que entregó a tus enemigos en tus manos!*
*Y dióle Abram el diezmo de todo*[16].

Abraham no le dio el diezmo a una organización; porque en aquella época no había iglesias. Se lo entregó a la persona que representaba al Dios Altísimo, sabiendo que lo iba a usar para la obra del Señor. Por su obediencia, Dios le prometió que su progenie dominaría la Tierra Prometida; y su esposa Sara, siendo ya anciana, dio a luz a un hijo.

En el Antiguo Testamento hay muchas referencias a los sacerdotes, los levitas, recibiendo los diezmos. Una parte representativa, un décimo de su producción, de los frutos del campo, de la cosecha, de los animales —la multiplicación de su labor— era llevada al templo como primera ofrenda. Ello era dedicado a Dios para que también el resto fuera bendecido al compartirlo con la tribu o al venderlo.

### Inquietud

Mark Prophet nos da un último secreto de prosperidad: «Creo que tú, y todos sin excepción, tienen que desarrollar fe en Dios, fe en que Él va a ocuparse de nuestras necesidades, no importa las que sean. Creo que es un pecado terrible que alguien de esta audiencia o del mundo se preocupe de su futuro, porque si hay una manera de detener la provisión de los bienes a nuestra vida, ésa es la preocupación. Preocuparse e inquietarse nos desconecta. En cuanto comienzas a preocuparte, te sintonizas con millones de personas que están preocupadas. Y, sin saberlo, sus pensamientos entran en tu subconsciente, como si los hubiera atraído un imán. Y antes de que te des cuenta, desciendes y desciendes, todo por esos pensamientos.

»Entre los mayores secretos de la prosperidad está, por lo tanto, el sintonizarse con el pensamiento correcto a fuerza de pensar correctamente. Dirige tus pensamientos a Dios y a los maestros y a la sensación de tener provisión inagotable. Aprende a fomentar el sentimiento de que, necesites lo que necesites, lo recibirás.»[17]

En algún lugar, de alguna manera, en algún momento, si vas a ascender, tienes que saber que, necesites lo necesites, Dios proveerá. El salmo veintitrés es el mejor antídoto que conozco para contrarrestar la penuria y la conciencia de pobreza. (Véase la pág. 57.)

¡Dar el diezmo es la clave para precipitar la provisión! Ponlo a prueba, y verás cómo Dios te recompensa con abundancia.

### Meditaciones sobre prosperidad

*Respondió el Señor: «¿Quién es, pues, el administrador fiel y prudente a quien el señor pondrá al frente de su servidumbre?»[18]*

*Pedid y se os dará; buscad y hallaréis; llamad y se os abrirá. Porque todo el que pide recibe; el que busca, halla; y al que llama, se le abrirá[19].*

*Echa tu pan al agua, que al cabo de mucho tiempo lo encontrarás[20].*

*Jesús dijo: «Yo he venido para que tengan vida y la tengan en abundancia»[21].*

*Y cuanto pidamos lo recibimos de él, porque guardamos sus mandamientos y hacemos lo que le agrada[22].*

*Honra a Yahveh con tus riquezas, con las primicias de todas tus ganancias; tus trojes se llenarán de grano y rebosará de mosto tu lagar[23].*

*Todo lo que tiene el Padre es mío[24].*

*Y todo cuanto pidáis con fe en la oración, lo recibiréis[25].*

*El que siembra con mezquindad, cosechará también con mezquindad; el que siembra en abundancia, cosechará también en abundancia.*

*Cada cual dé según el dictamen de su corazón, no de mala gana ni forzado, pues: Dios ama al que da con alegría[26].*

*¡Cuán numerosas tus obras, Yahveh! Todas las has hecho con sabiduría, de tus criaturas está llena la tierra[27].*

*Y todo lo que pidáis en mi nombre, yo lo haré, para que el Padre sea glorificado en el Hijo. Si me pedís algo en mi nombre, yo lo haré[28].*

*Dad y se os dará: una medida buena, apretada, remecida, rebosante [...]. Porque con la medida con que midáis se os medirá[29].*

*Mirad las aves del cielo: no siembran, ni cosechan, ni recogen en graneros; y vuestro Padre celestial las alimenta. ¿No valéis vosotros más que ellas?*[30]

*Si permanecéis en mí, y mis palabras permanecen en vosotros, pedid lo que queráis y lo conseguiréis*[31].

*Yahveh es mi pastor, nada me falta*[32].

*Buscad primero su reino y su justicia, y todas esas cosas se os darán por añadidura*[33].

*Toda dádiva buena y todo don perfecto vienen de lo alto, descienden del Padre de las luces, en quien no hay cambio ni sombra de rotación*[34].

*Observad los lirios del campo, cómo crecen; no se fatigan, ni hilan*[35].

*Mi Dios proveerá a todas vuestras necesidades con magnificencia, conforme a su riqueza, en Cristo Jesús*[36].

*Mayor felicidad hay en dar que en recibir*[37].

*Y amarás al Señor, tu Dios, con toda tu mente y con todas tus fuerzas [...]. Amarás a tu prójimo como a ti mismo*[38].

*Llevad el diezmo íntegro a la casa del tesoro, para que haya alimento en mi casa; y ponedme así a prueba, dice Yahveh Sebaot, a ver si no os abro las esclusas del cielo y no vacío sobre vosotros la bendición hasta que ya no quede*[39].

*Volveos a mí y yo me volveré a vosotros*[40].

*¡Dichoso el hombre que no sigue el consejo de los impíos, ni en la senda de los pecadores se detiene, ni en el banco de los burlones se sienta, mas se complace en la ley de Yahveh, su ley susurra día y noche!*

*Es como un árbol plantado junto a corrientes de agua, que da a su tiempo el fruto, y jamás se amustia su follaje; todo lo que hace le sale bien*[41].

# 9

# *Curación divina*

Ya hemos mencionado que la prosperidad es salud, riqueza, felicidad, alegría, paz, fe, esperanza, sabiduría, sintonía con el flujo del universo y aceptar la abundancia de Dios. Y la curación —tener salud rebosante de vitalidad para disfrutar de esa abundancia— es un aspecto importante de la prosperidad.

La curación es una experiencia interna de abundancia y de plenitud. El proceso de curación sucede al restaurar la integridad Crística: primero en el alma (tanto espiritual como emocionalmente), luego en la mente (mental y visualmente) y finalmente en el cuerpo físico, que siempre refleja el estado de los otros cuerpos.

Hilarión, nuestro maestro del rayo verde, el rayo de la curación, nos dice que «la curación es la integración del hombre pleno. No puedes curarte en parte y encontrar la integridad del Cristo. Recuerda con cuánta frecuencia los escritores de los evangelios afirman las palabras de Jesús: "Tu fe te ha salvado"[1]. La curación es una ciencia que hay que dominar, es un arte que ha de ser practicado con destreza».

Hilarión añade: «No está bien que esperes a un momento futuro en el que piensas que por obra de algún milagro, de repente, pronunciarás de una vez la palabra sanadora y en ese instante serás transformado. La curación llega a medida que te aplicas día a día a invocar, a pedir el rayo de la curación, a acumular ese rayo en tu aura y en el cáliz de tu conciencia y luego a aplicar ese rayo en momentos de crisis o de necesidad ajena, según se te solicite.

»Otro concepto erróneo es pensar que no necesitas curación. Parece que estás bien. Parece que todo funciona, y piensas entonces que todo anda bien. Hasta la hora de la plenitud, de la integración cósmica, no estás por completo sano. De modo que necesitas curación. Todos sin excepción, a todas las horas del día, pueden, por lo tanto, practicar los fíats del Cristo.»[2]

### La causa y el efecto de la enfermedad

Muchas facetas hemos de considerar en el camino que nos lleva a la curación. La verdadera curación espiritual no se ocupa sólo de aliviar los síntomas, la jaqueca, el dolor de un dedo, etcétera. La meta de la verdadera curación es la integridad, la integración del individuo en su totalidad, que se manifiesta en sus cuatro cuerpos inferiores.

Las enfermedades y los trastornos descienden en forma de espiral a través del cuerpo etérico, del mental y del emocional antes de terminar por mostrarse en el cuerpo físico. Debemos, pues, esmerarnos por comprender que la salud, la riqueza, la abundancia y la perfección de todo don bueno y dádiva perfecta que nos llegan del Padre es un efecto. La causa fue puesta en movimiento mucho tiempo atrás. Lo que debe preocuparnos cuando buscamos la curación es, por lo tanto, la causa que subyace tras el efecto.

Los maestros ascendidos no quieren limitarse a aliviar los síntomas físicos de la aflicción. Lo que les preocupa es erradicar la causa de los efectos que ahora estamos experimentando en el cuerpo físico. El pasado, al igual que el presente y el futuro, puede cambiarse con el Espíritu Santo y con la llama violeta. Por lo tanto, no deberíamos permitir que existiera en nosotros la creencia de que las condiciones o las circunstancias nos limitan.

Toda la energía que ha sido mal calificada en vidas pasadas tiene que, finalmente, ser equilibrada por medio de la invocación a los fuegos del Espíritu Santo y por medio del servicio. Día a día, gota a gota, las energías de la misericordia descienden en respuesta a nuestras oraciones y vemos que la curación sucede paulatinamente al intercambiar el hombre antiguo por el nuevo. No obstante, siguen siendo posibles hoy en día las curaciones instantáneas.

Eliminar el efecto sin eliminar la causa es peligroso. Ésta es una de las falacias de la medicina ortodoxa, así como de la metafísica, porque si uno cura el efecto sin transmutar la causa, simplemente está ocultando el problema en el subconsciente. Y ese karma volverá a surgir en una fecha futura o en otra encarnación hasta que haya sido transmutado por completo: causa, efecto, registro y memoria.

### El amor de los arcángeles

Rafael*, el arcángel de la curación, es nuestro médico divino. Cada uno de los arcángeles lleva una esfera de las energías de Dios, una parte del rayo en el que sirve. Rafael y su llama gemela divina, la Arcangelina* María*, sirven en el quinto rayo de color verde esmeralda, que concentra las cualidades de la verdad, la constancia, la ciencia, la precipitación, la curación y la regeneración.

El vibrante azul del primer rayo, el del poder y la voluntad de Dios, se combina con el poderoso rayo dorado de la sabiduría y de la iluminación concentrando así la intensa, brillante e ígnea llama verde de la curación y de la integridad científica.

Mientras María encarnó en la Tierra, Rafael permaneció en los planos del Espíritu, sosteniendo en el cielo el equilibrio. Juntos, ellos enfocaron la polaridad y el equilibrio divinos, como Arriba, así abajo.

Los arcángeles son nuestros patrocinadores y nuestros iniciadores, y todos ellos son sanadores por excelencia. Aunque Miguel es el Príncipe de los Arcángeles y sirve en el rayo azul, vemos que algunos artistas han dado a sus alas el color verde esmeralda. Los arcángeles vienen con una misión: la restauración de las auras fragmentadas y la reparación de la funda electromagnética.

Hay personas que tienen visión interior y que han visto cómo los ángeles «remendaban», por decirlo de alguna manera, con hilos de luz los chakras* fracturados de almas que han sido hostigadas por drogas y otras adicciones destructivas. Podemos invocar al Arcángel Rafael y a la Madre María y pedirles dispensaciones de curación para nosotros o para seres queridos cuyo campo energético haya sido destrozado por haber abusado de las drogas, del alcohol, del azúcar, por excesos sexuales y por el ritmo disonante de la música rock.

La integridad es posible gracias a la intercesión de los maestros de curación a medida que nos aplicamos diligentemente en transmutar estas energías negativas por medio del ayuno, la oración y un régimen cotidiano de alimentos puros y de ejercicio físico. El cielo anhela entrar en nuestra vida, pero primero tenemos que pedirlo.

La ley cósmica dictamina que primero tenemos que pedir que se nos cure antes de que los ángeles tengan el permiso de asistirnos. Aunque es de gran ayuda la oración intercesora de familiares y seres queridos, eso no quita que nosotros tengamos que pedir ser sanados. Recuerda que Jesús dijo: «Pedid y se os dará; buscad y hallaréis; llamad y se os abrirá»[3].

1.  Del verde más intenso es la llama curativa,
    totalmente serena YO SOY la Presencia Divina,
    a través de mí vierte tu misericordia,
    que ahora la verdad todo lo corrija.

Estribillo:
    Milagro de la llama de consagración,
    que mi mente medite ahora en ti
    para mi hermano un servicio mejor
    y la plenitud de todo tu poder.
    Curación de la llama de consagración,
    mantén mi ser de curación colmado,
    la misericordia sella a todos mis hermanos
    por la gracia del deseo de Dios.

2.  Llama de curación, llena mi forma,
    vida vibrante renace en mí;
    Dios en mí, hazme íntegro,
    YO SOY el que cura a todas las almas.

### Jesús no sanó a todos

Jesús habría sanado de buena gana todos los males que aquejaban al mundo entero para que no quedara en todo el planeta una sola persona con dolor. Sin embargo, ya que no curó a todos los que se lo pidieron, hemos de comprender que hay ciertos requisitos necesarios para recibir la curación divina. Algo a tener en cuenta es el registro kármico de la persona y si éste indica que es posible extender la gracia y que suceda la curación. (Más adelante, en este mismo capítulo, hablaremos de la relación entre el karma y la curación.)

La curación tiene un precio: estar dispuesto a aceptar la responsabilidad de nuestra vida y, hasta cierto punto, una determinada responsabilidad por ayudar a otros. Es mucho más fácil tratar de escapar de la responsabilidad de los problemas de uno echándole la culpa a otro y exculpándonos: mi madre era alcohólica, mi padre me abandonó o abusó sexualmente de mí, nunca tuvimos dinero en casa, no tuve la oportunidad de tener una educación adecuada, etcétera, etcétera, etcétera.

Excusas como éstas permiten que pasemos por alto el hecho de que quizá nuestras vidas no tienen rumbo alguno. Hemos sucumbido a las diversas adicciones por falta de autoestima, por indecisión, por sentir culpabilidad, miedo, ira, odio y una multitud de emociones negativas que no hemos sido capaces de superar.

### Los ángeles de la curación

«La eternidad de Dios es la eternidad de su amor sanador»[4], nos dice Rafael. Los arcángeles son las manos curativas de Dios extendidas a la humanidad. El deseo que en su corazón albergan los arcángeles es liberar a todos los hombres, y para ello nos ofrecen su amor constatemente, aunque la gran mayoría de los habitantes del planeta ignoren por completo la presencia de los ángeles y el reino angélico.

El mensaje de aliento que Rafael nos da es: «Donde tú estás, ahí está Dios; y donde Dios está, ahí estás tú. Pues lo que hace latir tu corazón es Su luz y es ésta la que establece ahora mismo y para siempre el dominio de perfección dondequiera que te encuentres»[5].

«Acercaos a Dios y él se acercará a vosotros»[6] es un principio científico del quinto rayo. Los arcángeles han estado al lado de las almas de luz desde el principio, y con nosotros se quedarán hasta el final.

Nos dice Rafael: «Te he conocido desde antes de que existiera Abraham. He conocido tu alma incluso antes de que tus pies tocaran por primera vez la Tierra. Dios nos ha creado como arcángeles para que adoremos, amemos, consolemos, dotemos, enseñemos, alentemos, curemos, para que estemos en la luz. Nunca hemos dejado de adorar en el altar del Dios Todopoderoso, que es la llama trina que está dentro de tu corazón»[7].

No invitar a los ángeles a que formen parte de nuestra vida es lo único que puede separarnos de su servicio de curación. Ellos rebosan de felicidad cuando, al estar ante nosotros, pueden despertar y avivar nuestra memoria, bendiciéndonos y patrocinándonos en cada una de nuestras encarnaciones. Lo único que tenemos que hacer es el llamado a los ángeles, que son nuestros amigos, amigos reales y tangibles.

En las manos de los ángeles está el poder de sanar, un poder que prodigan con placer. Los ángeles de curación de las bandas de Rafael ponen su presencia sobre médicos, enfermeras y sobre todo el que trabaja en el ámbito de la salud, al igual que sobre personas del mundo entero que les rezan pidiendo curación. La presencia de los ángeles es tangible, aunque su voz no sea reconocida. También nosotros, gracias a nuestras oraciones de intercesión, podemos ser usados como instrumentos de curación.

### Los solitarios

Hay muchas personas en el planeta que se sienten solas, que sienten que nadie las ama; sin embargo, todos sin excepción hemos recibido un gran foco de luz directamente de Dios, afianzado en nuestra Presencia YO SOY y nuestro Yo Crístico. En esta sociedad moderna en que vivimos parece prevalecer la falta de autoestima y la pérdida de identidad. De alguna forma, las almas que sufren parecen haber sido despojadas del recuerdo de que son hijos de Dios, hijas de Dios. Algunos han terminado por volverse locos e incluso se han suicidado, sencillamente por haber dejado de identificarse con la realidad Divina.

Los arcángeles pueden sanar todo eso, si se lo permitimos. Por grande que sea la carencia que sientas ahora en tu vida, no hay sino una sola fuente de fortaleza. No tienes más que explotar esa gran reserva de amor y vida, creer que Dios vive dentro de ti.

La Madre María constantemente pide en sus plegarias la curación espiritual: la unidad del alma y la unión de mente y corazón. Y, sin embargo, nos dice que «un día sabrás y comprenderás que la petición de ser curado es algo que, inequívocamente, debes realizar tú mismo».

Su receta para superar la baja autoestima y para fortalecer el débil sentido de identidad es muy precisa: «Ama tu cuerpo, tu alma, tu mente, porque son de Dios. Entra en el sendero de la disciplina. Acaba con los demonios que te hacen comer en exceso, demasiado poco, o comer mal, o que provocan el deseo de ingerir sustancias que no son puras. Desea sólo lo que Dios desea para ti»[8].

Rafael también nos anima, diciendo: «Por favor, comprende este principio: por todas partes a tu alrededor está Dios, vive Dios, canta Dios, Dios es alegría. Por favor, comprende este principio para que hoy pueda yo hacer que tus átomos dancen y brillen. ¿Sabías que las Pléiades y el Cinturón de Orión cantan? ¿Sabías que las huestes angélicas de luz recorren, a la velocidad de la luz, el universo entero; que tenemos cónclaves, coros y orquestaciones cósmicas inimaginadas que sólo unos pocos en el planeta han escuchado?»[9]

*Por todas partes,*
*a tu alrededor,*
*está Dios,*
*vive Dios,*
*canta Dios,*
*Dios es alegría.*

*Rafael*

La vida sí tiene remedio. La vida no está falta de rumbo, de causa, propósito o salvación. La Madre María nos dice que Aquél que nos ha dado vida también ha creado y formado los universos. Y ha creado una meta suprema para todos los que estamos en el proceso de unirnos al Padre.

Rafael nos ofrece su ayuda diciendo que, por si no sabemos cómo pedirle curación e integridad a Dios, nos da una oración que podemos repetir y hacer nuestra. Nos dice: «A todos les da Dios este contacto directo, y nadie tiene que sentirse solo o privado de la gracia de Dios. Todos tienen el poder, si quieren tomarlo, y el cetro de autoridad y dominio en su mundo para decirle a su Presencia YO SOY:

*Mi amada Presencia de Dios, asume el control sobre mis cuatro cuerpos inferiores y de mi ser y mundo. Crea y sostén en mí la perfecta imagen del Diseño Divino tan cuidadosa y maravillosamente creado.*

*Asegúrate de que esta acción de tu imagen visual divina de mi ser sea establecida en el campo energético de todo mi ser y que restablezca mi integridad ahora y para siempre.*

*Concibe en mí de nuevo un corazón limpio y establece en mí la plenitud de una mente justa en acción que elimine toda distorsión en mi forma carnal y cuerpo mental, produciendo y estableciendo la maravillosa pureza de Dios a medida que desciende, portando el gran poder de las campanas de la libertad que sonarán entonces en mi alma, diciendo:*

*¡Todo esto YO SOY! Todo esto yo siempre seré. Y todo esto se manifestará en todo y será todo. Porque sólo Dios está en su templo sagrado, y todo lo del mundo y sus voces discordantes se mantendrán en silencio ante la perfección de mi ser hasta que el dominio de Dios sea dado a toda la Tierra.*

*Arcángel Rafael* [10]

Si recitas esta oración en la quietud de tu corazón —o mejor, si la recitas en voz alta—, estarás introduciendo la llave en la cerradura que permitirá que los ángeles de la curación entren en tu mundo y se pongan a tu servicio.

Una vez más, la Madre María repite que «para Dios todo es posible»[11] sólo con que aceptemos la ayuda que el cielo nos ofrece. Nos dice: «Quisiera recordarte que no tienes que aceptar la limitación de tu cuerpo. No tienes por qué sentirte pequeño o indefenso o golpeado por el conflicto, sea cual sea tu posición actual, alta o baja. Sí puedes recibir la ayuda, hoy, de las huestes angelicales.

»El Espíritu de la Resurrección que resucitó a mi Hijo de entre los muertos, ha resucitado innumerables vidas llevándolas a la plenitud de su identidad Divina y sigue siendo, por lo tanto, una poderosa llama de gran consuelo para todos los seres vivos.»[12]

### YO SOY la resurrección y la vida

Ya hemos hablado del uso del mantra de Jesús, «YO SOY la resurrección y la vida», para curar toda condición indeseable que se esté manifestando en nuestra vida en referencia a las finanzas. Vamos ahora a incluir en nuestro estudio la curación del cuerpo físico.

*¡YO SOY, YO SOY, YO SOY la resurrección y la vida de mis cuatro cuerpos inferiores, manifestadas ahora!*

Recita este mantra para la resurrección y la vida de tu corazón, de cualquier órgano, de tus emociones, de tu mente. Recítalo muchas veces al día con el propósito de alcanzar la plenitud usando las llamas que Dios nos ha dado.

Visualiza todos los órganos rodeados de rayos curativos de color blanco, azul y verde: la forma de pensamiento curativa que baña y sana tu cuerpo, tu mente y tus emociones.

Visualiza una corriente de luz dorada atravesando y purificando todas las células de tu cuerpo. Observa cómo eliminan todas las acumulaciones tóxicas a medida que cada célula recibe las corrientes de la luz curativa desde el corazón de Alfa y Omega en el Gran Sol Central.

Visualiza la llama violeta de la libertad y del perdón transmutando todas las impurezas de tu cuerpo: físicas, mentales, emocionales y etéricas. Verdaderamente funciona. Ponlo a prueba, disfrútalo, de veras que funciona.

La Madre María sigue alentándonos, diciendo: «Dios sabe de tus necesidades antes de que pidas. Pero las respuestas no siempre parecen manifestarse. ¿Cuál es la razón? No hay razón alguna, porque sí se manifiestan. Dios responde a Su nivel con la respuesta inmediata a todas las necesidades humanas. Pero los hombres tienen que aprender el arte de encontrar esa respuesta, de aceptarla, de recibir en gracia el "sí" o el "no" divinos. Y a veces el "no" divino es más importante que el "sí", porque Dios sabe lo que más les conviene a los hombres.

»Y si, con sabiduría, piden: "Haz lo que sea mejor para mí; hágase tu voluntad y no la mía", entonces pueden llegar a su Getsemaní, a su Gólgota, a su vía dolorosa. Pero tras ello llegará la resurrección, la ascensión y la unidad con la Verdad.

»Las huestes angelicales están muy cerca de los hombres —nos dice María—, pero el miedo las repele y hace que se alejen. En los ojos de un niño está el brillo del amor, la magnificencia de la fe que hace que los ángeles se sientan atraídos hacia ese niño y que conserva en ese rostro la dulce mirada de la inocencia sagrada.

»Los hombres pueden permitir que la llama violeta de la misericordia divina borre de sus rostros y cuerpos los registros de las encarnaciones pasadas en las que el dolor y la desesperación han infligido pérdidas y han grabado el desengaño profundamente arraigado y un moho de sustancia en descomposición que tiene su origen en los aspectos sórdidos de vidas anteriores»[14].

Rafael dice: «Cuando ves a una persona por las calles de la vida que está manifestando todos estos aspectos negativos, llámame y llama a los poderes de la luz. Invoca a nuestra amada Madre María para que elimine todo ese trastorno, toda esa enfermedad, todo lo que no sea de la luz, y lo reemplace con virtud Divina»[15].

### El futuro es lo que hagas de él

Serapis Bey, el maestro del Templo de la Ascensión, nos dice: «El futuro es lo que hagas de él, así como el presente es lo que hiciste de él. Si no te gusta, Dios te ha concedido la manera de cambiarlo. Y esa manera es por medio de la aceptación de las corrientes de la llama de la ascensión»[16].

En ello radica la solución divina de las situaciones desagradables de nuestra vida. En lugar de echarle a otros la culpa de nuestros problemas, aceptemos el hecho de que nosotros hemos creado esos sucesos, quizá sin saberlo, en otras vidas. Ahora, además, se nos ha ofrecido una salida: borrar este karma con el regalo de la llama violeta.

Visualiza la llama de la misericordia como un borrador cósmico que transmuta la causa, el efecto, el registro y la memoria de las equivocaciones del pasado y que te permite avanzar hacia el futuro con libertad. Si es necesario, escribe las palabras «¡HAY SALIDA!» en una tarjeta y ponla donde te recuerde constantemente que en estos momentos es posible para ti tener un futuro victorioso.

En otra ocasión Serapis enseñó: «Para poder ascender, tienes que entregarle a Dios tu pasado, sabiendo que Él posee el poder, con Su llama e identidad, de cambiar todos los propósitos malintencionados y toda confusión que hayas producido, convirtiéndolo en la belleza del diseño original que, por el poder de Su amor, generó el fruto de la bondad eterna. Deshazte, pues, de todas las ilusiones, velo tras velo del ser carnal; y haz tuya la voluntad, en el nombre del Dios Todopoderoso, de cambiar tu mundo»[17].

No es necesario que le demos vueltas y más vueltas a las heridas que hemos recibido a lo largo de toda la vida hasta el presente. Si podemos aceptar la gracia que nos ofrece la llama violeta de Dios, entonces podremos transmutar los errores del pasado y comenzar a hacer planes para el futuro. La ascensión es la meta de todos los seres vivos y el producto final de nuestra curación divina.

## El karma y su borrador cósmico, la llama violeta

El karma es una cosa que pocas personas comprenden de verdad. Tenemos la tendencia a asociar aspectos y sucesos negativos con el karma. Sin embargo, la Madre María enseña que el karma no es ni bueno ni malo. Nos explica que el karma es siempre el regreso de tu energía, y la forma en que ha sido calificada (negativa o positivamente) determina la manera en que regresa a ti.

Se nos ha enseñado que la energía no puede ni ser creada ni destruida, pues la energía es Dios. Hemos tomado esta energía pura de Dios y hemos puesto sobre ella capas de bien o de mal. Somos, entonces, kármicamente responsables de la redención de esta energía que hemos calificado de manera negativa a lo largo de nuestras muchas encarnaciones. Ahora que estamos a finales de la era de Piscis, preparándonos para entrar en la era de Acuario, ha llegado el momento en el que es obligatoria la transmutación con la llama violeta.

La Diosa de la Pureza* explica que «la ley del karma no tiene como propósito actuar como un látigo, ni destrozar las almas de los hombres. La ley del karma —nos dice— tiene como propósito instruir, hacer que los hombres se acerquen al trono de gracia sin miedo, con claridad de mente y ser que les permitirá recibir la pura acción vibratoria del Dios Todopoderoso»[18].

La enfermedad del cáncer puede ser un efecto de la causa interna representada por odio que ahora se ha hecho físico. Pero, sin embargo, algunas veces las personas más cariñosas del mundo tienen cáncer. ¿Por qué? Porque en vidas pasadas han manifestado odio y han permitido que el odio se encone como resentimiento, como condenación, como celos o como orgullo. Ese odio puede haber sido creado hace diez mil o veinte mil años, en otro tiempo y lugar. Pero la manifestación del ciclo del odio —que pasa por el cuerpo etérico, el mental, el emocional hasta llegar finalmente al físico— puede tener como resultado el cáncer, que es la gran plaga de nuestros días.

Cuando la persona experimenta el efecto de esa causa, puede que la haya olvidado tiempo atrás. Puede que lleve diez mil años sin experimentar odio. Pero, a pesar de esto, «el cielo y la tierra pasarán antes que pase una i o una tilde de la ley sin que todo suceda»[19]. Así es la ley del karma.

Se nos ha dicho que el cáncer puede tener otra causa. Es frecuente que almas de gran amor y muy evolucionadas se ofrezcan a niveles internos como voluntarias para aceptar en sus cuerpos algún tipo de cáncer como forma de transmutar parte del odio que está tan difundido en el planeta y así ayudar a transmutar el karma del mundo. De esta forma, estas almas se están preparando para una mejor resurrección y quizá para su ascensión en esta encarnación o en la siguiente.

La Madre María explica este concepto con más detalle. Dice: «¿No entiendes, amado, que puede haber algunas enfermedades que son para la gloria de Dios, para que lleguen a su fin ciclos pasados de pecado y de imperfección? Si la acción del rayo de la curación interrumpiera abruptamente estos ciclos, no sería un acto de misericordia, sino un acto de privación, pues seríais privados de la oportunidad de expiar y de la oportunidad, mayor que la de expiar, de llevar los pecados del mundo»[20].

¿Cómo, entonces, podemos superar las causas? Hay una sola manera: por medio del uso del fuego sagrado, invocando la llama violeta de Dios para que transmute estos registros por medio de la ciencia de la Palabra hablada. Este aspecto misericordioso del Espíritu Santo nos fue explicado por Saint Germain como preparación para nuestra entrada a la era de Acuario. Ésta es la única manera de que las personas equilibren la energía mal calificada y eviten que la deuda kármica se manifieste en el cuerpo físico en forma de terribles enfermedades que pueden acabar con nuestra vida.

No hay duda de que cualquiera que tenga sensibilidad siente la carga de los errores que comete. Puede que hayamos provocado un accidente de tráfico y hayamos herido, o matado, a otra persona. Puede que con una palabra cruel hiciéramos que otra persona se sintiera mal o adquiriera complejo de inferioridad. Todos hemos hecho cosas desagradables. Seguro que hemos deseado retirar ciertas palabras, revocar algún hecho. Pero el tiempo avanza, los ciclos avanzan, y lo que queda es el peso de haber pecado.

El aspecto de la acción del fuego sagrado que se manifiesta en forma de llama violeta nos brinda liberación del pecado; no echándolo debajo de la alfombra ni hundiéndolo más en el subconsciente, sino trayendo el flujo de la luz y la conciencia de Dios al mundo de uno para que limpie y transmute la causa, el efecto, el registro y la memoria del acto.

### El perdón como aspecto de la curación

El perdón es un aspecto importante de la curación, porque es esencial que nos perdonemos a nosotros mismos por todas las equivocaciones que hayamos cometido en vidas pasadas. La autoridad de perdonar está en el Cristo que se encuentra dentro de nosotros, pero tenemos que comprender que la ley del perdón no disuelve todas las cosas de forma automática.

Elizabeth Clare Prophet dijo una vez, a guisa de explicación de esta ley: «Si me pisas el pie y me rompes un dedo, yo puedo decir: "Te perdono". Pero el dedo sigue roto. Tendré que ir al hospital para que me curen el dedo y tendré que pasar por los ciclos de dolor y curación. El perdón, por lo tanto, no es la satisfacción completa de la ley»[21].

A pesar de ello, el perdón es el primer paso para lograr la curación porque nos da la oportunidad de dejar a un lado, por un tiempo, esos aspectos del error para así ser libres. No obstante, cuando hemos recuperado nuestras fuerzas y, durante cierto período, hemos obedecido la Ley, entonces esa energía que fue retirada, gracias a la llama del perdón y de la misericordia regresa hasta nosotros para ser equilibrada y transmutada en su totalidad.

Y entonces, con el uso de la llama violeta, todo el registro de esos acontecimientos puede ser eliminado de tu corriente de vida. La ley del perdón es, pues, compatible con la enseñanza del karma: «Pues lo que uno siembre, eso cosechará»[22]. El hombre es juzgado según sus acciones y hechos.

## Perdón

YO SOY el perdón aquí actuando,
arrojando las dudas y los temores,
la victoria cósmica despliega sus alas
liberando por siempre a todos los hombres.

YO SOY quien invoca con pleno poder
en todo momento la ley del perdón;
a toda la vida y en todo lugar
inundo con la gracia del perdón.          (recítese 3 veces)

Tenemos en nuestro interior, si lo queremos, el poder de invocar las mismas virtudes que los santos y los maestros ascendidos han manifestado en sus vidas en la Tierra. La Madre María señala: «Es como un regalo en tus manos. Si lo aceptas, puedes hallar tu libertad. Si no lo aceptas, puede que pases por una senda de espinas, una senda de karma hasta ser punzado por las espinas de la vida. Tú, al igual que san Pablo, llegarás finalmente al momento en que la luz te cegará. En el camino, contemplarás el resplandor del Cristo que te habla y dice: "Te es duro dar coces contra el aguijón"[23] de la vida. Y, como en la parábola del hijo pródigo, finalmente regresarás a la casa de tu Padre y allí volverás a recibir Su amor. Pero, ¿por qué no recibirlo hoy?, ¿por qué no aceptarlo hoy?, ¿por qué quedarnos atrás cuando todas las flores, todos los hermosos paisajes de la Tierra, están manifestando el amor de Dios?»[24]

Ha de llegar un momento en la vida de todo iniciado en el que se hastía de las cáscaras de la vida, da media vuelta y comienza a hollar con seriedad el sendero de la ascensión*. Cuando finalmente estamos listos para comenzar, con toda seriedad, a transmutar nuestro karma, Dios, con Su misericordia, nos concede como ayuda la llama violeta.

¡Radiante espiral de la llama violeta,
desciende y destella a través de mí!
¡Radiante espiral de la llama violeta,
libera, libera, libera!

¡Radiante llama violeta, oh, ven,
impulsa y destella tu luz en mí!
¡Radiante llama violeta, oh, ven,
revela el poder de Dios para todos!
¡Radiante llama violeta, oh, ven,
despierta la Tierra y libérala!

¡Resplandor de la llama violeta, ven,
estalla y ebulle a través de mí!
¡Resplandor de la llama violeta, ven,
que todos te vean, expándete!
¡Resplandor de la llama violeta, ven,
establece tú misericordia aquí!
¡Resplandor de la llama violeta, ven,
transmuta ahora todo temor!

El perdón es uno de los aspectos importantes del ministerio de Jesús. Él decía a menudo: «Sé sanado; ve y no peques más; tus pecados son perdonados». Él tenía el poder de perdonar el karma personal de aquéllos a los que había sanado. Nosotros no nos preocupamos tan sólo de perfeccionar el cuerpo físico, sino de mucho más que eso: de la integridad del alma.

La era de Acuario es la era de la libertad. Por eso hay tantas organizaciones que trabajan en pro de la libertad. Como la luz violeta se está intensificando en el planeta, la gente se esfuerza por comprender, de forma diferente, la libertad en todos los aspectos de la vida. Ahora que hemos recibido el conocimiento de la llama violeta, somos nosotros quienes podemos hacer las peticiones para que esta llama de la misericordia transmute nuestros errores del pasado.

Podemos invocar que sean perdonadas todas las personas a las que hayamos dañado y todos aquéllos que nos hayan hecho daño a nosotros. Así podremos afrontar el futuro libre de estos registros esclavizantes; ésta es la única manera de encontrar libertad y felicidad permanentes.

## La ley del perdón

Amada Presencia de Dios, YO SOY en mí, amado Yo Crístico, amado Padre Celestial, amado gran Consejo Kármico, en el nombre y por el poder de la Presencia de Dios que YO SOY y por el poder magnético del fuego sagrado del que estoy investido, invoco la ley del perdón y la llama violeta transmutadora por toda transgresión de tu ley, toda desviación de tus alianzas sagradas.

Restaurad en mí la Mente Crística, perdonad mis caminos errados e injustos, hacedme obediente a vuestros preceptos, dejad que camine humildemente con vosotros todos mis días.

En el nombre del Padre, de la Madre, del Hijo y del Espíritu Santo, yo decreto por todos a los que haya ofendido alguna vez y por todos los que me hayan ofendido alguna vez:

¡Fuego violeta, envuélvenos!    (recítese 3 veces)
¡Fuego violeta, guárdanos!    (recítese 3 veces)
¡Fuego violeta, libéranos!    (recítese 3 veces)

YO SOY, YO SOY, YO SOY el que está rodeado
por un pilar de llama violeta,
YO SOY, YO SOY, YO SOY quien abunda en
puro amor por el gran nombre de Dios,
YO SOY, YO SOY, YO SOY completo
por tu patrón de perfección tan bello,
YO SOY, YO SOY, YO SOY la radiante llama
del amor de Dios que desciende gentilmente por el aire.

¡Desciende a nosotros!    (recítese 3 veces)
¡Resplandece en nosotros!    (recítese 3 veces)
¡Satúranos!    (recítese 3 veces)

### Memorias de la Madre María

La Madre María es una científica cósmica que sirve con el Arcángel Rafael en el quinto rayo. Pero, además, ella es nuestra madre cósmica que mantiene para todos los seres vivos el concepto inmaculado. Nos explica: «En los días de antaño era mi alegría contemplar la maestría de mi hijo,

Jesús. Hoy considero que todos los niños del mundo son hijos míos. Y cuando uno de ellos levanta corazón, cabeza o mano buscando o anhelando divinamente servir al advenimiento del reino, no puedo dejar de responderle si me llama.

»Si el amado Jesús, de pequeño, hubiera venido a mí después de haber caminado entre zarzas, y tan prematuramente hubiera tenido espinas en los pies, yo se las habría quitado. Y con la misma dicha con la que serví a mi propio hijo durante ese momento de la historia, quitaría hoy las espinas de la vida del camino de los hombres.

»Uno de los grandes errores que cometen los hombres del planeta es la idea de decir una y otra vez: "Ojalá hubiera vivido en esa época y hubiera tenido el privilegio de caminar al lado del Maestro. Y de su mano, observando los sucesos de su vida mientras se afanaba entre los hombres en la viña del Padre, quizá me hubiera convertido en un santo".

»Sonrío, en cierta manera, al oír esto y sé que me perdonas, porque ha habido muchos santos después de aquellos días, no sólo en la era cristiana y en la fe cristiana, sino en la India y en otras partes del mundo. Los santos no son algo extraordinario. Se trata de un ejemplo de cómo atraer suficiente amor, hasta que los deseos humanos dejan de ser prioritarios y no son lo primero en el altar de nuestra vida. Eso es difícil porque los hombres están rodeados de muchos árboles con abundante fruto indeseable. Les resulta muy difícil extender la mano y tomar del fruto del Árbol de la Vida debido a todos los atractivos, las aparentes glorias del éxito temporal.

»Además, es muy necesario que los hombres no caigan en el abismo de creer que la vida misma ha de ser austera. Para muchos de los benditos santos de la era cristiana y hasta de nuestros días ha sido necesario acabar con la austeridad para poder acercarse a Dios. Algunos han sido santos muy felices.

»Como madre cósmica, mi anhelo es eliminar esta sensación de lucha en lo que se refiere a logro espiritual. Anhelo tomar mi túnica y envolver con ella la conciencia de los hombres y mujeres para así introducirlos en la llama del amor de mi corazón.»

Sin embargo, los maestros ascendidos tienen prohibido por ley cósmica entrar en nuestra vida a menos que les invitemos a hacerlo. Ello también se aplica al ofrecimiento de amor y ayuda que nos brinda la Virgen María. Ella continúa: «Es natural que quienes se acercan a Dios se encuentren con que Dios se acerca a ellos. Eso mismo sucede conmigo y con otros de las huestes ascendidas. Cuando hombres y mujeres se acercan a mí, también yo los arropo.

»Si yo no he tenido un papel importante en tu vida y deseas que te ayude, ¿por qué no me llamas con frecuencia? Observa si Dios —tu Presencia Divina— no va a abrirte una ventana en el cielo a través de la cual pasen mi luz y mi amor, el amor de una madre cósmica. No hay ninguna otra manera de lograrlo, aparte de llamarnos. No podemos entrar en tu vida si no somos invitados a hacerlo. Y debes mantener vigente esa invitación.»[25]

Ella sabe todo esto por experiencia y nos enseña que nada es imposible con Dios, que nada tiene por qué volver a impedirnos aceptar y manifestar todas las cualidades de victoria divina que el amado Jesús manifestó. Los mismos dones se nos ofrecen cuando estamos dispuestos a aceptarlos.

«¡Sí puede ser! —nos dice la Madre María—. Con Dios todas las cosas son de verdad posibles. Y estas benditas palabras son una gran esperanza para esta era y para la venidera. También son mi esperanza para cada uno de vosotros, para hombres y mujeres de todas las razas, de todo tipo de climas, ciudadanos de todas las naciones. ¡Acunar a un Cristo nunca fue suficiente por sí mismo, porque yo estaba exultante al observar cómo crecía año tras año, cómo estiraba sus entonces bracitos, y cómo finalmente corría durante su juventud, madurez y después su Cristeidad![26]

»Eran días dichosos aquéllos en los que observaba que una cualidad divina en particular que yo había deseado que se manifestara en el joven Jesús florecía por completo en su dotado mundo. Oh, sabía sin resquicio de duda que los capullos estaban allí, que el cielo mismo había encendido la llama del altar de su corazón y que él deseaba hacer lo que le fuera revelado como la voluntad del Padre. Pero no podía dejar de experimentar dicha al ver el desarrollo de cada pequeño cambio, preparándole para los arduos días que le esperaban.

»Asimismo, espero con paciencia y amor que se abra ese maravilloso resplandor de vida que hace latir tu corazón. Espero que todos los hombres sean tan libres como lo fue el amado Jesús»[27].

Acuciados como estamos hoy por tantos problemas, es muy fácil excusarnos de la falta temporal de aceleración y pensar: «No es posible que cuando los maestros ascendidos vivieron en la Tierra tuvieran tantos obstáculos como los que yo tengo hoy. Seguro que la vida era mucho más fácil en su época que en el presente».

La Madre María refuta ese mito al compartir un vislumbre de su última encarnación en la Tierra antes de ascender: «Sé lo difícil que puede ser abstenerse de albergar pensamientos negativos, porque muchos de los benditos estudiantes se enfrentan con las apariencias más espantosas en este día. Pero estoy segura de que en cuanto reflexionéis un poco e investiguéis la Historia, quedaréis convencidos —si es que hacen falta palabras tranquilizadoras— de que la vida no era fácil en mi época, antes de lograr la ascensión.

»No fue un placer ver cómo mi amado hijo era vilipendiado y acusado de violar las leyes. No había nada alegre en contemplar su amado cuerpo golpeado y sangrando. Empero, yo era consciente de su misión y tenía la bendición de la fortaleza de José y el consuelo de los apóstoles y los discípulos. Estoy segura de que si estuviera encarnada hoy, las circunstancias no me parecerían más fáciles[28].

»Vi a Jesús durante su infancia, cuando el sagrado brillo de la misión esparcía su resplandor de maravilla oculta en esos ojitos. Contemplé como con los años la llama de la iluminación y el rayo de la comunión procedentes del corazón de Dios cambiaban esa mirada que ahora reflejaba madurez y la confianza de un maestro de hombres y, por encima de todo, de alguien que era maestro de sí mismo. Vi cómo las groseras multitudes pronunciaban blasfemias en contra de su propósito. Observé de vez en cuando con —he de confesarlo— algo de turbación, las amenazas en contra de su vida, cuando intentaron apedrearle o arrojarle por un precipicio.

»Por si hay quien no considera conveniente que confiese mis preocupaciones, he de recordar que éste era el período de prueba previo a mi ascensión. En ese momento era a la vez devota de gran logro espiritual y madre de un hijo vivo, que había nacido de mi vientre.

»Cito este caso, no para debilitar la fe en mis esfuerzos en el nombre de Dios, sino para que ya no puedas reprenderte por las debilidades humanas que son parte de la lucha. Pues un día también éstas cesarán cuando tu corazón haya sido educado para dominar la sugestión agresiva del mundo así como para dominarte a ti mismo.»[29]

### El rosario

Una de las mejores maneras de invitar a la Madre María a que sea parte integral de nuestra vida es recitar su rosario. Ella nos comenta: «¿Qué puedo hacer, entonces, sino dar mi amor a aquéllos que lo reciban y suplicar que reciban mi amor y la ofrenda de mi corazón, guardar ese regalo y esperar a que toda la humanidad lo acepte? Porque algunos han de tener el amor de la Madre para mantener el equilibrio, y por eso pedí que se dieran a conocer los rosarios, para que puedas unirte a las voces de los santos del cielo. También ellos se reúnen para recitar el rosario y unir sus voces a las de los devotos de la Madre Divina»[30].

Ella nos dice que si trabajamos con los ángeles de la curación, con Rafael y con ella recitando este sagrado rosario, que también es un ritual de curación, el rosario establecerá un patrón geométrico que irá al cinturón etérico, al cinturón astral y después se amalgamará en lo físico[31].

El rosario como forma de oración ha sido conocido desde hace siglos, siglos en los que los devotos han invocado el nombre del Señor. El uso de piedras o cuentas en una cadena o en el bolsillo ha sido —en las tradiciones orientales y occidentales—, desde hace mucho tiempo, una forma de llevar la cuenta de las oraciones.

Es posible que el origen del rosario se remonte a la Irlanda del siglo IX, cuando los monjes cantaban todos los días los ciento cincuenta salmos de David. A los campesinos analfabetos que querían unirse a las oraciones se les permitió sustituir el Padrenuestro por cada salmo. En Oriente, se dirigen oraciones a Brahma, Visnú y Siva como las tres personas de la Santísima Trinidad.

Los primeros devotos comenzaron a ofrecer sus oraciones a María como un ramo de rosas, y con el tiempo estas oraciones se convirtieron en un importante ritual cristiano conocido como el rosario (del latín rosarium, es decir, rosal).

Para satisfacer las necesidades de la hora presente, la Madre María ha dictado un rosario escritural para la nueva era de Acuario. Este rosario es una cadena infinita de ofrendas florales a la Madre que ella recibe, bendice y devuelve a sus hijos para ayudar a sanar las heridas de nuestro mundo moderno.

Ella explica: «El saludo "Ave María" no significa más que "Salve, Rayo de la Madre" y es una afirmación de alabanza a la llama de la Madre en todo lo que vive. Cada vez que se pronuncia, evoca la acción de la luz de la Madre en los corazones de toda la humanidad».

El rosario de la Madre María en modo alguno está destinado sólo a los que profesan la religión católica. Es una oración universal de alabanza que a diario se eleva desde almas del mundo entero. Continúa diciendo: «El rosario es, pues, un ritual sagrado con el cual todos los hijos de Dios pueden encontrar el camino de regreso a su concepción inmaculada en el corazón de la Virgen Cósmica. El rosario de la nueva era es el instrumento para liberar a la humanidad de sentido del pecado y de las doctrinas erróneas del pecado original.

»Pues todas las almas —asevera— han sido concebidas inmaculadamente por Dios Todopoderoso, y Dios Padre es el origen de todos los ciclos del ser humano. Aquello que es concebido en pecado no es de Dios y no tiene ni el poder ni la permanencia de lo real. Todo lo que es real es de Dios; y todo lo que es irreal pasará cuando la humanidad se una a la Llama de la Madre. Recitar el rosario todos los días es una forma segura de alcanzar esa unidad.»[32]

La Madre María también ha dicho que no deberíamos afirmar nuestra naturaleza pecaminosa, sino la herencia que nos corresponde por derecho como hijos e hijas de Dios; tampoco quiere que hagamos hincapié en la hora de la muerte, sino en la hora de la victoria. Ella prometió ayudar a los discípulos del Cristo y a los devotos de la llama de la Madre a obtener su victoria y la victoria de toda la humanidad si le rezamos de la siguiente manera:

Dios te salve, María, llena eres de gracia.
El Señor es contigo.
Bendita tú eres entre todas las mujeres
y bendito es el fruto de tu vientre, Jesús.

Santa María, Madre de Dios,
ruega por nosotros, hijos e hijas de Dios,
ahora y en la hora de nuestra victoria
sobre el pecado, la enfermedad y la muerte.

También nos ha prometido que «cuando alcances cierto punto en el hábito de recitar el rosario, vendré a ti y pondré alrededor de tu cuello un rosario, rosas hechas de estrellas ígneas, cada cuenta una estrella de luz. Y sabrás cuál será el momento de mi venida en esa misma hora, porque sentirás la guirnalda de luz alrededor del cuello. Y será como recompensa por el servicio fiel a mi Corazón Inmaculado y a la rosa que simboliza la apertura de la llama de la Madre en la conciencia de la humanidad»[33].

La Madre María expresa palabras de aliento:

*No temas hollar el Sendero,*
*ha sido al fin preparado para que ganes:*
*ganarás hoy mismo*
*si haces caso del llamado*
*de aquéllos que indican el Camino;*
*pues Dios en las alturas siempre está cerca*
*y no permitirá que ninguno se descarrile...*
*si vela, espera y ora.*

*Yo soy la Madre Cósmica,*
*estoy en el interior de la llama de Dios.*
*Mi mano extiendo a todos*
*los que me miren y hagan el llamado.*
*Sois hijos de mi corazón,*
*lo he dado todo para que podáis empezar*
*en el camino de luz de vuelta al hogar*
*que los ángeles protegen durante toda la noche.*

### La forma de pensamiento curativa

Al principio de este capítulo hicimos mención de la forma de pensamiento curativa, y ahora me gustaría hablar de este tema con más detalle.

La forma de pensamiento curativa es otro de los regalos del amor de Dios, formulado científicamente para volver a magnetizar y para restaurar los elementos de nuestros cuatro cuerpos inferiores al diseño de la Naturaleza. Esta forma de pensamiento se compone de esferas concéntricas de la luz curativa de Dios: una esfera blanca rodeada de una esfera azul suspendidas en un globo verde.

Cuando pides curación, has de saber que el llamado exige respuesta. A continuación, visualiza esferas de fuego sagrado que descienden como la presencia palpitante del Espíritu Santo. Visualiza —alrededor de cualquier área enferma o dolorida de tu cuerpo— el núcleo de fuego blanco centrado en la resplandeciente llama azul zafiro rodeada de los saltarines fuegos verdes y esmeraldas.

La esfera azul —una vez más en combinación con el fuego violeta— es la acción de la voluntad de Dios que convoca por decreto divino a los átomos, moléculas y células, para que se ajusten al patrón original interno.

La esfera verde —en conjunto con la acción «restregadora y purgante» de la llama violeta— es el milagro de la vida inmortal de Dios que restaura el flujo del Espíritu en la Materia y que le devuelve su plenitud.

En resumen, visualiza la esfera blanca, la azul y la verde —esferas de fuego sagrado de Dios— alrededor de todos los átomos, células y electrones de tu corazón físico o de cualquier órgano que esté necesitado de curación. Así se restaura el patrón original y la plenitud divina de tu vida.

Puedo dar testimonio de primera mano sobre la eficacia de esta visualización. Es cierto que funciona. Hace diez años, como he explicado, tuve un ataque al corazón, un paro cardíaco y cirugía de by-pass. Gracias a las oraciones de intercesión ofrecidas por Elizabeth Clare Prophet y por amigos del mundo entero, no sólo sobreviví, sino que ahora me siento mejor que antes del ataque.

La versión que un artista pintó de un corazón físico rodeado de la forma de pensamiento curativa cuelga en la pared de mi dormitorio donde puedo verla muchas veces al día para visualizar mi corazón sano. Le recomiendo este método a todo el que sufra de alguna enfermedad física. Visualiza la forma de pensamiento curativa alrededor del órgano que te cause molestias. El siguiente paso es imaginarse que está funcionando a la perfección y ver llamas de tono violeta penetrando por todo el cuerpo para producir la curación perfecta.

## El Retiro de la Forma de Pensamiento Curativa

En el reino etérico hay un retiro conocido como el Retiro de la Forma de Pensamiento Curativa donde puedes pedir que se lleve a las personas que han fallecido recientemente en circunstancias dolorosas o traumáticas. Cuando las almas hacen la transición después de una enfermedad terminal, durante una guerra, una muerte súbita por causa de accidente o cualquier otro tipo de trauma, se les da un período de descanso en los reinos internos. Allí son atendidos por ángeles de curación, que les bañan con los rayos curativos de color blanco, azul y verde.

Estas almas pueden entonces reencarnar desprovistas del terrible miedo y dolor que tenían al fallecer. Los niños que acaban de fallecer reciben la atención cariñosa de estos ángeles y son así preparados para una victoriosa vida futura exenta de los recuerdos etéricos que acompañan al fallecimiento. Muchos problemas psicológicos son provocados por recuerdos y registros, enterrados en el subconsciente, del miedo a morir y el dolor de la muerte: causas que se ignoran totalmente en el presente.

Rafael sugiere que durante los momentos de oración diaria, tomemos una tela de seda de color verde esmeralda y la pongamos alrededor de nuestros hombros mientras le pedimos verdad y curación a Palas Atenea* y a los maestros de la curación. La seda tiene la capacidad de conservar la luz. Guarda esa tela como un objeto sagrado y úsalo sólo durante los momentos de oración; además, úsalo sólo tú, nadie más.

### Curaciones instantáneas

En el mundo entero suceden milagros a diario; aunque también sabemos que los milagros son para quienes creen en ellos. Todos los milagros necesitan de un vórtice físico de esperanza, de receptividad, de deseo, de atracción de esa luz que desciende. El cosmos no está exento de esperanza, y donde haya vida, allí está el poderoso arcángel del rayo femenino cuyo nombre es Esperanza, la llama gemela del Arcángel Gabriel.

No hemos hablado de las curaciones instantáneas como las que obró Jesús cuando recibía en su propio cuerpo el karma de la enfermedad de aquéllos a quienes estaba dispuesto a sanar. Hoy es la era de la ciencia, la ciencia espiritual, la ciencia del rayo verde de la curación. Ésta es la era en la que los apóstoles y discípulos de Cristo que estén en encarnación física tienen que salir, vestidos con el manto de Jesucristo y de su propio Yo Crístico, para realizar sus obras en el siglo XXI. Recuerda que Jesús dijo: «Hará mayores obras aún, porque yo voy al Padre»[34].

No quiero decir con esto, sin embargo, que las curaciones instantáneas no sean posibles en nuestros días. ¡Claro que lo son! Pero normalmente dependen de la consagración de la persona y de las situaciones kármicas presentes en su vida. Jesús espera que dupliquemos sus curaciones y más aún gracias a su intercesión y a la presencia de las huestes angélicas y de los maestros ascendidos dedicados a la curación. Hay otro versículo bíblico que debemos recordar: «Todo lo puedo en Aquel que me conforta»[35].

Aunque las curaciones instantáneas del maestro producían alivio y bendiciones, no le daban a la persona sanada su automaestría. Recuerda: aunque Lázaro fue resucitado de entre los muertos, más tarde murió y posteriormente reencarnó. No iba a conseguir su ascensión sólo porque Jesús dominase la muerte. Quien es bendecido con una curación instantánea debería desear «ir y hacer lo mismo»[36], como hizo Lázaro en esa vida y en subsiguientes encarnaciones.

### No la muerte, sino la ascensión

«La incógnita en la cuestión de si una persona logra o no la curación y la integridad o si fallece —nos dice Rafael— está en las circunstancias kármicas. Cuando la ley decreta que el karma tiene que ser saldado, y que debe hacerse ahora, si el individuo no ha preparado, literalmente, una fuente de luz con un moméntum de devoción y luz en el aura, cuando sea despojado de esa alegría y ese servicio a Dios, puede que se encuentre sin la suficiente luz de Dios para consumir la oscuridad que repentina y rápidamente esté aflorando en el cuerpo físico. Y antes de que el alma puede recuperar la compostura o el equilibrio, se encuentra en otras octavas, habiendo ya salido del escenario de la vida. Porque el cuerpo ya no puede sostener la luz adecuada para la vida física.»[37]

«¿Sabes cuál es la causa de la muerte? —pregunta Elizabeth Clare Prophet—. La gente dice que fulanito murió de esto o de aquello. Hay una sola causa, que es la retirada del corazón de la energía del cordón cristalino. En determinado momento, cuando es la voluntad de Dios, ese cordón cristalino es retirado del corazón, la llama se apaga, y la persona deja de funcionar en el plano físico. Los átomos y los electrones del cuerpo regresan al Gran Sol Central. Luego el alma se retira a la octava etérica donde es instruida en los retiros de la Hermandad, ya sea para volver a encarnar o para reunirse con Dios por medio de la llama de la ascensión.»[38]

Los cambios se presentan de muchas maneras; algunos los escoge el hombre, otros se presentan repentinamente. El cambio que más vemos en esta octava es el cambio llamado muerte. «Pero cuando asciendes —nos dice Rafael—, una espiral tras otra por la montaña del Ser, ves que la transición a la vida eterna nunca se logra al morir, sino al acelerarnos hacia la inmortalidad. Sin embargo, hoy es la elección del libre albedrío, y la inmortalidad puede llegar a perderse.»[39]

La llama de la resurrección que resucitó a Jesús es un poder tangible, radiante y palpitante que sale de Dios y que puede ser invocado por todos. Esta llama está disponible para todos los que hagan el llamado. Nunca ha disminuido su moméntum ni su poder. La velocidad vibratoria de la llama de la resurrección es superior a la de la llama trina, porque en ella los colores giran cada vez con más rapidez hasta alcanzar un brillante color madreperla. Este hermoso color madreperla y opalescente contiene todos los colores de la llama trina: el azul, el amarillo y el rosa. La llama de la resurrección continúa entonces vibrando a una velocidad cada vez mayor hasta que se convierte en la pura luz blanca de la llama de la ascensión.

Esta misma llama de la resurrección es el poder que Jesús usó para vencer a la muerte y al infierno. Él vino a mostrarnos el camino para que nosotros hicieramos lo mismo por intermedio del Cristo que vive en nosotros como nuestro Yo Real.

### Resurrección

YO SOY la llama de la resurrección,
destellando la pura luz de Dios.
YO SOY quien eleva cada átomo ahora,
YO SOY liberado de todas las sombras.

YO SOY la luz de la Presencia Divina,
YO SOY por siempre libre en mi vida.
La preciosa llama de la vida eterna
se eleva ahora hacia la victoria.          (recítese 3 veces)

Serapis Bey enseña que el último enemigo al que hemos de vencer es la muerte. La vida, la vida eterna, la ascensión —no la muerte— debería ser la meta de todas las almas vivas del planeta. La ascensión de regreso al hogar, a Dios, es la consumación triunfante de nuestras muchas vidas en la Tierra, nuestra victoriosa graduación de este planeta.

Tenemos que dar fervorosos llamados al Arcángel Miguel y a sus ángeles de protección para que hagan retroceder la marea del concepto de «muerte dulce» que tanto prevalece en nuestro mundo. Tenemos que pedirle que ate los demonios que lo están promoviendo. La fascinación por el suicidio, especialmente por parte de los adolescentes —que a veces tiene como resultado suicidios en grupo— ha de ser devuelta al abismo de tinieblas del que surgió.

Muchos suicidios ocurren porque las personas ya no se sienten identificadas con la vida o con las cosas positivas; no

ven otra manera de salir de sus problemas, reales o imagina-
rios. Tenemos que enseñarles la verdad de los maestros ascendidos, la realidad de la llama de la resurrección y la gloria
de la ascensión en la luz que ha sido prometida a todos los
que crean estas grandes verdades y las acepten.

*El tiempo es como un río. Corre y corre como el río Jordán,
como el río que atravesaba el jardín del Edén, como el río Ganges
en la India, el Amazonas en América del Sur, como los muchos
ríos que en el mundo hay. El tiempo corre incesantemente. Tú
eres parte del corazón de Dios y te mueves en esta corriente del
tiempo.*

*María*

«La perfección está siempre presente, pero es necesario
que tengas experiencias hasta que tu creación humana sea
transmutada —dice la Madre María—. Algunos intentan
nadar en contra de la corriente de la vida, y al hacerlo, les
resulta difícil progresar. No obstante, cuando sigas la corriente, si nos llamas y sacas las manos del agua del tiempo
para introducirlas en nuestro reino eterno y te aferras a las
nuestras, entonces te saldrás de ese río del tiempo a mucha
mayor rapidez.

»Es prerrogativa del cielo acortar el tiempo y conceder
a los hombres la ascensión mucho antes de lo normal. Ésta es
la ley de la llama violeta. Por medio del uso constante de la
llama violeta, los hombres y mujeres pueden transmutar su
creación humana, y eso es lo que nosotros estamos esperando.

»Esa sensación de lucha, esa batalla constante que ha
hecho de la vida una jungla en lugar de un jardín, cesará
cuando todos comprendan esto. Cuando todos los hombres
comiencen a usar el fuego violeta del amor y el perdón de la

libertad y transmuten su creación humana, entonces la vida aquí en la Tierra volverá a ser un edén.»[30]

## Ascensión

YO SOY la luz de la ascensión,
fluye libre la victoria aquí,
todo lo bueno ganado al fin
por toda la eternidad.

YO SOY luz, desvanecido todo peso
en el aire me elevo;
con el pleno poder de Dios en el cielo,
mi canto de alabanza a todos expreso.

¡Salve! YO SOY el Cristo viviente,
un Ser de amor por siempre.
¡Ascendido ahora con el Poder de Dios
YO SOY un sol resplandeciente!          (recítese 3 veces)

Saint Germain anima a todos los que se esfuerzan con sinceridad: «Al intentar escalar la montaña más alta que puedas escalar y que esté dentro del alcance del potencial que Dios te ha dado, en algún lugar de la senda montañosa, Dios llegará a ti»[41].

## Meditación
### Tus manos curativas
de MARK L. PROPHET

*Oh, Padre nuestro, hijos Tuyos somos. Nos reunimos a Tus pies en el reino de escabel de la manifestación. Sabemos que Tú estás aquí, tal como estás en el cielo, en el reino celestial. Te pedimos, entonces, que aquí donde nosotros estamos, estés Tú en más grande manifestación, más cerca de lo que nunca antes hayamos sentido.*

*El brillante resplandor de Tu amado Hijo, el Cristo Universal, camina sobre las aguas de la conciencia de las masas. La luz del Espíritu Santo refulge a través de sus vestiduras. Su manifestación de inmortalidad y los vientos del Espíritu Santo también fluyen a través de sus vestiduras, creando el viento divino de la acción cósmica en el mundo de la forma.*

*Donde yo esté, allí también estarás Tú. Estamos, pues, reunidos en este lugar en el tiempo para que podamos poner sobre el montón cósmico las energías de nuestra vida, juzgada por la pirámide cósmica de fuego blanco dentro del centro de cada átomo. Porque nuestra carne es flexible, y se rinde ante el ardiente aliento del Espíritu Santo, cuya fulgurante diadema de amor se encuentra en el significado de la hermandad cósmica.*

*Invocamos al Espíritu Santo, invocamos la presencia de nuestro Señor el Maha Chohán*, *y pedimos que el silencio reine en nuestro ser mientras esperamos la venida de Tu omnipresencia al campo de nuestra conciencia.*

*De la diadema del reino celestial, invocamos la procesión de ángeles de curación desde el corazón de Dios. No hay problema demasiado grande, no hay carga demasiado pesada; pues Tu carga es ligera y es luz. Y de esa luz salen los ángeles de Dios, los ángeles de la curación.*

Su entendimiento es legiones de luz. Su entendimiento es la expansión de Dios. La mano de Él se mueve a través de la de ellos. El corazón de Él late a través del corazón de ellos. La iluminación de Él arde en la cabeza y en el aura de cada ángel.

Oh, amado Cristo, tú que eres el verdadero Mediador entre Dios y el hombre, una multitud de aflicciones se elevan para tocar tus manos curativas. El óleo del propósito cósmico, el óleo del Espíritu Santo, simboliza lo cerca que estás de nosotros en el momento de las aflicciones externas.

Pedimos la manifestación de tu magnificencia, del milagro de tu ser en nosotros. Si nuestra aflicción es física, que sea corregida. Y corrige las causas que subyacen en ella, oh, Hermandad de Luz, para que podamos eliminar la causa y el núcleo de nuestra aflicción externa.

Las estrategias de la luz más fuertes son que las estrategias de la oscuridad. Por lo tanto, oh, Cristo Universal, sé con nosotros ahora. Por medio del poder infinito del Espíritu Santo, las alturas sin límites de la Gran Hermandad Blanca, la comunión de la hermandad de los ángeles, elementales y seres humanos, decimos:

¡Hágase la paz! Y que esa paz se expanda en todos los corazones, no sólo en los que están aquí, que pueden acercarse, sino en quienes estén en cualquier lugar de la Tierra y estén en necesidad. A medida que aumentan las necesidades de los hombres, así aumentas tú, por tu gracia, el rayo curativo de la humanidad.

Oh, bendito Hilarión —Hilarión, Hilarión, Hilarión—, invocamos también tu presencia aquí en el nombre del Cristo Universal. Fortalece las cuerdas de luz que atan los corazones de los hombres con los corazones de los Seres Eternos, con el corazón de Dios.

¡Extended vuestra mano, oh, ángeles de la curación! ¡Extended vuestra mano, oh sagrados amantes de la devoción! Porque divina es la devoción. El amor divino es.

*El amor abre el centro de las flores. El amor es el perfume que se esparce como puerta abierta a los reinos etéricos. El amor es un horno que consume toda escoria. El amor es un refrigerante que brinda consuelo y misericordia. Porque la misericordia de Dios cae sobre la Tierra; es la misericordia que nunca olvidaremos.*

*Pedimos, por lo tanto, que tu amor y tu curación y tu consumación de perfección en nosotros sea aceptada por nosotros, para que lo que está torcido sea restaurado, para que lo que está roto sea reparado, para que lo inoperativo sea operativo, para que sea cual sea la aflicción que reciba el hombre, sea ésta sanada y corregida en el nombre del Cristo viviente.*

*En el nombre de Jesucristo, decimos: ¡Qué así sea!*

*Del cáliz del Amor infinito rebosan los rayos concentrados desde el corazón del Maestro Hilarión, el Maestro Jesús, los amados rayos del Padre, del Hijo y del Espíritu Santo.*

*Amén.*

# *Ejercicios*

Hay un precio que pagar por la abundancia. Se trata, ni más ni menos, que de pedirle a Dios que nos ayude. Sé concreto en tus peticiones, y confía en que las recibirás. Luego espera con absoluta fe que tu provisión se manifieste desde la tesorería universal de Dios, *en Su momento y a Su manera.*

Aunque tenemos que ser concretos en nuestras peticiones, podemos retrasar o incluso detener la manifestación de nuestra provisión si prescribimos la forma exacta en la que debería manifestarse. ¡Deja que sea Dios el hacedor! El mantra del Cristo —«hágase tu voluntad y no la mía»— debería estar en tus labios constantemente.

He preparado una serie de ejercicios para complementar la información contenida en el libro. Cuando comiences a estudiar la abundancia, estoy segura de que se te ocurrirán muchas más ideas con las que ampliar las sugerencias que te he dado.

Es fácil que al leer un libro pensemos que ese tema es justo lo que necesitamos. Pero luego, al seguir leyendo, muchas veces nos olvidamos de esa idea. En este libro de ejercicios, he intentado recordarte ciertos conceptos que creo son importantes para tu estudio de la abundancia.

A veces puede parecer que estoy repitiendo lo que he dicho en la parte principal del libro, pero al usar este esquema te resultará más fácil identificar la faceta específica de tu vida que necesita atención adicional. *Para adquirir la verdadera abundancia y la integridad, hace falta estudiar y aplicarse con diligencia.*

No dejes de buscar cualquier palabra esotérica o que no te resulte familiar en el glosario. En la bibliografía puedes encontrar otros libros que fueron para mí una gran ayuda en la investigación que realicé para este libro.

Hagas o no los ejercicios, sí sería bueno que comulgaras con Dios y con los maestros ascendidos de tu elección, especialmente Saint Germain, El Morya, la Madre María, Jesús, Hilarión, Lanelo y otros, para que te ayuden en tu precipitación. Incluso si no estás totalmente seguro de lo que quieres, pídeles a los maestros que pongan sobre ti su presencia y te muestren cuál es la voluntad de Dios para tu vida.

### Capítulo uno

1. ¿Qué significa para ti la verdadera prosperidad? ¿La has definido alguna vez? Escribe lo que la abundancia significa para ti y a medida que se te ocurran nuevas ideas, redefine y cambia esa definición.

2. ¿Te resulta difícil pedir a otros que te ayuden, o pedírselo a Dios? ¿Cómo puedes cambiar ese hábito?

3. ¿Eres una persona impaciente? Uno de los requisitos de la prosperidad es no sólo pedir sino también esperar con fe la respuesta de Dios; y a veces Su respuesta es «no». Si Su respuesta es negativa, tienes que rehacer tus planes y preguntarle a Dios qué quiere Él que hagas.

### Capítulo dos

1. ¿Qué significa para ti abundancia? ¿Son diferentes cosas, en tu opinión, la abundancia y la prosperidad? Tómate tiempo para, de verdad, reflexionar introspectivamente, porque la abundancia significa cosas distintas para diferentes personas.

2. ¿Has logrado identificar las cosas negativas de tu vida que te impiden precipitar la prosperidad que te mereces?

a. ¿Qué vas a hacer con esos rasgos ahora que los has identificado? Sé concreto y enuméralos.

b. ¿Qué limitaciones has puesto y *aceptado* en tu vida?

c. ¿Buscas excusas a por qué no has tenido éxito? Repite una y otra vez: «Para Dios todo es posible» (Mateo 19:26) y «Todo lo puedo en Aquel que me conforta» (Filipenses 4:13). Yo tengo estas dos frases enmarcadas sobre mi escritorio para acordarme de conservar una actitud positiva. Tienes que repetir afirmaciones de opulencia para vencer las cosas negativas que salgan de tu mente subconsciente y de la inconsciente. Para poder triunfar, tienes que controlar los pensamientos de tu subconsciente que intentarán derrotar tus planes de abundancia.

d.  Si te resulta difícil visualizar, compra un trozo de raso o terciopelo violeta, ponlo en el altar o sobre una mesa en la habitación que uses para meditar. Al tener un ejemplo físico, es más fácil visualizar cómo la llama violeta penetra tu cuerpo.

e.  Aunque te resulte difícil, sigue practicando la visualización. Es uno de los pasos claves para la alquimia. Si de verdad no puedes visualizar nada, simplemente *imagínalo*.

3.  Cuando se te ocurre alguna idea, ¿actúas de inmediato o te quedas inmovilizado por el miedo y la duda?

4.  Pregúntate si sinceramente crees que «para Dios todo es posible».

5.  Quizá una de las cosas que está retrasando la manifestación de tu alquimia es el ajetreo de la vida cotidiana, las múltiples exigencias del tiempo. ¿Has reservado un espacio de tiempo preciso todos los días para rezar y meditar en tus metas y en los dones que Dios desea concederte? Una forma de invitar a los ángeles a que te ayuden con tus planes es poner música devocional de fondo. Invita a los ángeles a que trabajen contigo en tus proyectos alquímicos.

6.  Lee el librito *Llama violeta para la curación de cuerpo, mente y alma*, escrito por Elizabeth Clare Prophet, donde encontrarás una explicación más detallada de la llama violeta. (Véase la bibliografía.)

a.  La llama violeta actúa como borrador cósmico que tiene la capacidad de disolver recuerdos desagradables que pueden estar bloqueando tu progreso. Puede que no hayas limpiado de tus cuatro cuerpos inferiores el residuo de negatividad procedente de vidas pasadas.

b.  Saint Germain nos ha dado un sencillo mantra que puedes repetir muchas veces al día.

*¡YO SOY un ser de fuego violeta!*
*¡YO SOY la pureza que Dios desea!*

Al repetir esta afirmación de verdad, comprende que al decir, «YO SOY un ser de fuego violeta», lo que estás diciendo en realidad es: «Dios en mí es un ser de fuego violeta». YO SOY es el nombre de Dios que le fue dado a Moisés hace mucho tiempo.

c. Al recitar este pequeño decreto, no dejes de visualizar la llama violeta a tu alrededor y disolviendo toda la negatividad de tu aura así como todo aquello que esté obstaculizando la manifestación de tu plan divino.

d. Cuando invocas la llama violeta, has de saber que desciende como un rayo de la energía divina de misericordia, perdón y transmutación. Visualiza que este hermoso rayo se convierte en tu corazón en una llama espiritual. Visualiza cómo toda la energía negativa que tocan estas llamas es transmutada instantáneamente y convertida en la luz de Dios.

7. Escribe tu propia lista de afirmaciones de provisión que se aplica específicamente a tu vida y a tus deseos. Lee esta lista varias veces al día para grabar con profundidad esos planes en la mente subconsciente. (Vuelve a leer la página 38 del capítulo 3 que habla de cómo yo usé un cuaderno con afirmaciones para producir abundancia en mi negocio.)

8. Algún objeto que sirva como símbolo de la abundancia ayuda a acelerar la manifestación de la provisión. ¿Tienes un cáliz puesto sobre un raso verde, como sugirió Ciclopea? Una vez, yo recorté pedacitos de papel dorado y recubrí con él unas cuantas monedas para así tener algo que representara monedas de oro y meditar en ello.

## Capítulo tres

1. Lee en el librito «Abundacia creativa: Claves para la prosperidad espiritual y material» cómo El Morya le dijo a Mark Prophet que siempre llevara un billete de cien dólares.

2. Reserva un tiempo todos los días para decretos y afirmaciones al Arcángel Miguel. Pídele fe y protección para tus planes. Invóca-

le en el nombre de tu Presencia Divina y termina con palabras de gratitud que indiquen que aceptas su ayuda para tus planes y tu vida.

1. San Miguel, San Miguel,
   invoco tu llama,
   ¡libérame ahora,
   esgrime tu espada!

Estribillo:
   Proclama el poder de Dios,
   protégeme ahora.
   ¡Estandarte de fe
   despliega ante mí!
   Relámpago azul
   destella en mi alma,
   ¡radiante YO SOY
   por la gracia de Dios!

2. San Miguel, San Miguel,
   yo te amo, de veras;
   ¡con toda tu fe
   imbuye mi ser!

3. San Miguel, San Miguel
   y legiones de azul,
   ¡selladme, guardadme
   fiel y leal!

Coda:
   ¡YO SOY saturado y bendecido
   Con la llama azul de Miguel,
   YO SOY ahora revestido
   con la armadura azul de Miguel!   (recítese 3 veces)

3. Observa la llama azul de una estufa de gas. Ello te ayudará a visualizar el resplandeciente tono de la espada de llama azul del Arcángel Miguel.

4. Encontrarás más información sobre los decretos y su importancia en *La ciencia de la Palabra hablada,* escrito por Mark y Elizabeth Prophet. (Véase la bibliografía.)

5. Acepta la promesa del Arcángel Miguel que dice que si tú le das tus dudas y tus miedos, él los tomará y a cambio te dará su fe.

6. Memoriza el salmo 23 para liberarte de los persistentes pensamientos de miedo a la penuria.

## *Capítulo cuatro*

1. ¿Crees que tienes una misión en esta vida, o pasas de una cosa a otra sin rumbo ni propósito?

a. Repite a menudo: «Proclamo la victoria de mi misión ahora». Repite este mantra cientos de veces durante el día hasta que verdaderamente creas en ti mismo y de verdad tengas un propósito en la vida gracias al cual lo que hagas sea importante para el mundo.

b. Llama a Astrea*, el Elohim que te ayudará a liberarte de lo que te esté impidiendo progresar. Canta: «Suéltame y libérame de todo lo que no sea victoria divina» o «de todo lo que me impida cumplir con mi misión» o «de todo lo que me impida ser una persona positiva» o «de todo lo que me impida hacer la voluntad de Dios», etcétera. Reza pidiendo que acaben todas las circunstancias de tu vida que te impiden alcanzar la integridad.

2. Visualiza tu llama trina ya equilibrada. ¡Reivíndícalo como una realidad!, y haz lo necesario para lograr su equilibrio. (Véase en el libro *La ciencia de la Palabra hablada* una imagen de la llama trina a todo color que te puede servir de ayuda en tus visualizaciones y meditaciones. Véase la bibliografía.)

3. ¿Sabías que tenías un elemental del cuerpo? ¿Te resulta nueva esta idea? Envíale tu amor y pídele que te ayude a lograr tu maestría.

4. Los decretos a la llama violeta son necesarios para transmutar los registros procedentes de vidas pasadas y que pueden representar una carga.

5. Si has intentado vencer la depresión y la sensación de no valer nada, pero no lo has logrado, muchas veces unas cuantas consultas con un psicólogo cualificado puede ayudarte a convertir esa depresión en alegría y a tener una vida feliz y triunfante. No dejes de aprovechar esa ayuda profesional si los problemas persisten.

6. ¿Puedes perdonarte a ti mismo? En caso negativo, pídele a Dios que te ayude con la misericordia de la llama violeta:

*YO SOY el perdón aquí actuando,*
*arrojando las dudas y los temores,*
*la victoria cósmica despliega sus alas*
*liberando por siempre a todos los hombres.*

*YO SOY quien invoca con pleno poder*
*en todo momento la ley del perdón;*
*a toda la vida y en todo lugar*
*inundo la gracia del perdón.*

## Capítulo cinco

1. ¿Has escogido conscientemente ser libre?

2. ¿Verdaderamente tienes una meta en la vida?

a. ¿Tienes esas metas *por escrito?*

b. ¿Has escrito la declaración de misión y establecido planes definidos a un año, dos años, cinco años, diez años vista, o para tu jubilación y para la ascensión?

3. Haz una lista de todo lo que te impida lograr tus metas y entonces ocúpate, uno a uno, de esos obstáculos.

4. Adquiere el hábito de escribirle peticiones y cartas a Dios y quémalas a continuación.

5.  Haz la novena al Gran Director Divino siempre que sientas que necesitas guía o instrucciones adicionales.

6.  Adquiere la costumbre de limitar todos tus planes y acciones a «si es la voluntad de Dios».

a.  ¿Tienes la costumbre de preguntarle a Dios cuál es Su voluntad *después* de haber decidido el rumbo que vas a tomar?

b.  Se nos ha dicho que cuando entonas el mantra: «No mi voluntad, no mi voluntad, no mi voluntad, sino que se haga la tuya», millones de maestros ascendidos y seres cósmicos las recitan contigo.

7.  Acepta a Dios como socio en tus negocios (en tu vida).

8.  Memoriza el decreto Tubo de Luz que está en el glosario y recítalo todos los días como protección al levantarte por la mañana y a lo largo del día.

9.  El libro *La ciencia de la Palabra hablada* tiene muchos más decretos de llama violeta que no he podido incluir en este libro. Cómpralo y deja que la llama violeta limpie el camino y puedas así tener éxito en tu alquimia.

10.  Practica el desapego del Buda, pero permanece centrado en la meta final. Deja que fluyan las nuevas ideas y nuevos métodos de hacer realidad tus sueños.

11.  Memoriza versículos bíblicos que te lleguen al corazón y que se relacionen con tus metas.

12.  Crea una biblioteca de libros de superación personal e inspiracionales. He incluido en el prefacio el título de algunos libros que fueron de utilidad en mi búsqueda. Seguro que puedes añadir libros más recientes que encuentres en las librerías.

13.  ¿Necesitas ampliar tus conocimientos para lograr tu meta? ¿Estás dispuesto a encontrar formas de recibir la formación necesaria mientras cumples con las responsabilidades que tengas en el hogar y con tu familia? Hoy en día hay muchos cursos por correspondencia y otros métodos educativos que no te exigen renunciar al trabajo ni dejar de mantener a la familia.

14.  Acuérdate del papel que encontré en una galleta china de la suerte: «**Tu jubilación será tan productiva y constructiva como tu**

**vida profesional».** ¿Es ésta tu meta? Escríbelo y ponlo en el espejo, el escritorio o algún lugar destacado.

15.  Recuerda que El Morya dice: **«El sendero ascendente bien vale los inconvenientes».**

16.  Si te resulta familiar el hecho de que puedes lograr tu ascensión, lee el libro *El sendero a tu ascensión*. (Véase la bibliografía.)

### Capítulo seis

1.  Lee el libro *Saint Germain: de alquimia* antes de comenzar tu experimento alquímico. Ese libro contiene una explicación más detallada sobre los pasos de precipitación de la que yo he incluido en este capítulo, por motivos de espacio. (Véase la bibliografía.)

a.  Estudia una y otra vez estos principios como si fueran parte de un curso universitario y te estuvieras preparando para el exámen final.

b.  Repite afirmaciones positivas para controlar tu mente subconsciente.

c.  Recuerda la advertencia de Saint Germain: **«¡No se lo digas a nadie!»** Las habladurías pueden dispersar la matriz que estás formando. Los celos o la negatividad de los demás puede convencerte de que «de nada sirve intentarlo; de todas formas, no va a funcionar». Mantén tus planes centrados en el corazón.

d.  Adquiere el hábito de escribirle cartas a Dios y de quemarlas.

e.  Haz un cartelito que diga: **«Lo puedo lograr si lo INTENTO».** Es más, haz varios y ponlos en lugares donde puedas verlos con frecuencia.

f.  ¿Estás fuera de sintonía con la voluntad de Dios? ¿Por eso no funcionan tus planes? Repite: «Oh, Dios, hágase tu voluntad y no la mía», y verás la celeridad con que todo se aclara.

g.  Comprende que en el libro de Saint Germain sobre la alquimia, él da pasos para precipitar directamente una cruz de Malta o una rosa, etcétera. Comprende también que si no sucede una precipitación directa, tu alquimia puede ser indirecta, puede llegar a través de otra persona.

Cuando estaba estudiando en grupo el libro sobre alquimia de Saint Germain, aunque ninguno pudo precipitar una cruz de Malta directamente desde lo Universal, durante ese período todas las joyerías comenzaron a anunciar broches en forma de cruz de Malta como la última moda. Todos pudimos llevar cruces de Malta de todos los tamaños y formas. Yo todavía conservo algunas de las mías.

2.  Vuelve a leer los pasos parar hacer un mapa del tesoro antes de hacer el tuyo. También encontrarás instrucciones detalladas en el librito titulado *Abundancia creativa*. (Véase la bibliografía.)

3.  Haz un mapa del tesoro completo para todas las fases de tu vida y de tus sueños.

### Capítulo siete

1.  ¿Te resulta difícil expresar agradecimiento? Para muchas personas lo es. Haz un esfuerzo especial para abrir el corazón y aceptar los regalos que Dios te da.

a.  Adquiere la costumbre de decir: «Padre, te doy gracias», por todas las pequeñas cosas que sucedan en tu vida.

2.  Encabeza una lista con las palabras «estoy agradecido por..» y enumera todo lo que se te ocurra. Observa cómo esta lista aumentará al reconocer las bendiciones de tu vida.

3.  Lee todos los salmos y sintonízate con el agradecido corazón de David.

4.  Puede que bendecir el dinero suene algo ridículo, pero puedo asegurate que funciona. Robert Collier, en su libro *Riches Within Your Reach*, también habla de los beneficios de las bendiciones.

5.  Determina si hay hábitos en tu vida que te están apartando de la verdadera abundancia. Haz una lista de ellos si sinceramente quieres ser libre. Mark Prophet dice que la forma de eliminar un hábito es reemplazarlo por completo con otro que sea positivo. Decide con qué quieres reemplazar tus hábitos antiguos y comienza hoy mismo a hacerlo. Si se encarama sigilosamente alguno de los viejos hábitos, reemplázalo de inmediato.

6. Deténte por un momento a pensar qué es lo que te produce alegría. Pon en un cuaderno poemas hermosos, fotos de paisajes tranquilos, flores, aves, la belleza de la sonrisa de un niño: cualquier cosa que te anime en momentos de depresión. Añade cosas a este cuaderno a medida que percibas otros ejemplos de belleza en la naturaleza y en tu vida. Abre este cuaderno con frecuencia para darte cuenta de que Dios te ama y cuida de ti.

## Capítulo ocho

1. ¿Estás dando el diezmo ahora? En caso negativo, ¿cuándo piensas comenzar? Si esperas que Dios sea tu socio en tus negocios, tienes que darle Su parte, es decir, el diez por ciento de los beneficios.

2. Lee el librito *Abundancia creativa*, donde hallarás una explicación exhaustiva de la ley del diezmo y la conferencia de Mark Prophet titulada «Secretos de prosperidad» en su totalidad. (Véase la bibliografía.)

3. Muchas iglesias, especialmente los mormones y los baptistas, consideran el diezmo como uno de sus dogmas. Estas iglesias son de las más ricas porque sus miembros aplican esta ley.

4. Dar el diezmo es una forma de establecer un *lazo* con Dios y con Su abundancia.

5. El diezmo, el diez por ciento de los ingresos, en algunos países se puede deducir de la declaración de renta.

6. La gente me pregunta si deben dar el diezmo del dinero que reciben prestado con un propósito específico. La respuesta es no. Usa ese dinero para el fin por el que se te prestó y da el diezmo de otras donaciones o ingresos.

7. Las contribuciones entregadas a familiares no se deben considerar parte del diezmo. Esto debería ser además del diezmo, que va directamente a apoyar la obra de Dios en la Tierra.

8. Muchas mujeres me han dicho que les gustaría dar el diezmo, pero que sus esposos no quieren y que ellas no tienen ingresos propios. En lugar de crear discordia en la familia, deberían dar el diez-

mo sólo de lo que ellas reciban como regalos o cualquier otro ingreso. También pueden darle a Dios el diezmo de su tiempo en forma de oraciones, meditación y servicio.

### *Capítulo nueve*

1. ¿Habías pensado antes que la curación es integridad?

2. La curación exige de nosotros cierta responsabilidad. La verdadera curación quiere decir que tienes que convertirte en una persona positiva, que ayuda y cuida de los demás en lugar de ser alguien que sólo quiere que le cuiden... ¡sin excusas!

3. ¿Hay algún factor psicológico que te esté apartando de la curación y de la integridad divinas?

a. Haz una lista de esos elementos.

b. ¿Qué vas a hacer al respecto?

c. Enumera cuáles son los pasos concretos que prevés dar para lograr tu curación.

d. Establece fechas concretas que indiquen cuándo vas a comenzar a trabajar en cada paso.

4. Haz un cartelito que diga: «**¡Dios existe, Dios vive, Dios canta, Dios es alegría!**»

5. «**YO SOY, YO SOY, YO SOY la resurrección y la vida de todas las células y átomos de mis cuatro cuerpos inferiores ahora manifestadas.**»

a. ¡Comienza hoy a caminar por la senda que lleva a una vida rebosante de salud y felicidad! Recita este mantra para la resurrección y la vida de tus emociones, tu corazón, o cualquier otro órgano, incluyendo tu mente. Recítalo muchas veces al día mientras buscas ser sanado usando las llamas que Dios nos ha dado.

b. Visualiza que una corriente de luz dorada pasa por todas las células del cuerpo y las limpia. Visualiza la eliminación de todas las acumulaciones tóxicas a medida que cada célula recibe las corrientes de luz curativa procedente de Dios.

c. Visualiza la llama violeta de la libertad y del perdón transmutando todas la impurezas de tu cuerpo, a nivel físico, mental, emocional y etérico.

6. ¿Percibes a los ángeles en tu aura? ¿Los sientes? ¿Los invocas pidiendo curación? En caso negativo, ¡comienza a hacerlo ya mismo!

7. Lee el librito *Cómo trabajar con los ángeles* para sentirte más cerca de estos divinos sanadores. (Véase la bibliografía.)

8. Como ayuda para la curación, puedes meditar sobre una imagen o estatua de la Madre María o de Jesús. Los maestros ascendidos nos han dicho que ellos pueden irradiar su Presencia a través de una imagen o de una estatua.

9. En el libro *La ciencia de la Palabra hablada* encontrarás imágenes a todo color de la forma de pensamiento curativa. Adquiere este libro y visualiza esta forma de pensamiento curativa alrededor de cualquier órgano del cuerpo que te esté doliendo.

a. Reza por familiares y amigos que hayan fallecido recientemente para que sean llevados al Retiro de la Forma de Pensamiento Curativa y sean allí bañados con los rayos blanco, azul y verde. Pide que sus almas sean preparadas para la siguiente encarnación o para la ascensión.

b. Escribe una petición a los Señores del Karma y quémala. Ten la seguridad que a medida que sube el humo, los ángeles de la curación llevarán tu petición hasta el trono de Dios.

10. Los obstáculos genéticos pueden ser superados, si tu karma lo justifica. En lugar de aceptar el problema, la llama violeta puede curarlo, si ésa es la voluntad de Dios.

Todos los miembros de mi familia fallecieron de un ataque al corazón o de un paro cardíaco. La ciencia médica reconoce ahora el factor genético como causa de las enfermedades cardíacas.

Mi madre, mi padre, mi abuela y mi abuelo murieron de infarto. Otro abuelo y una hermana sufrieron un ataque al corazón que les produjo la muerte, y la única hermana viva que me queda sufre de dolores en el pecho.

El dieciocho de octubre de 1988 fue la fecha del ataque al corazón que sufrí. A continuación sufrí un paro cardíaco y me tuvieron que realizar cirugía de *bypass*. Gracias a las oraciones de Elizabeth Clare Prophet y de fieles amigos del mundo entero, no sólo sobreviví, sino que ahora me siento mejor que antes del ataque. Mi vida fue alargada, por la gracia de Dios, otros once años y deseo vivir muchos más, si así lo quiere Dios.

11.  Compra una caracola y medita en su resplandor blanquecino y opalescente, que es el color de la llama de la resurrección.

12.  Haz un cartel que diga: «HAY SALIDA» y ponlo en el espejo o donde lo veas a menudo.

13.  Reivindica tu resurrección y ascensión como tu curación perfecta.

# Notas

## Prefacio

1. Norman Vincent Peale, *The Power of Positive Thinking* («El poder del pensamiento positivo»); Englewood Cliffs, Nueva Jersey, Prentis Hall, 1952.
2. Napoleon Hill, *Piense y hágase rico*, (Grijalbo, España).
3. Mateo 18:20.
4. Robert Collier, *Riches Within Your Reach* («Riquezas a tu alcance»):Indialantic, Florida,Robert Collier Publications, Inc., 1984.
5. Unity School of Christianity (Lee´s Summit, Missouri).
6. Mateo 19:26.
7. Filipenses 4:13.

## Capítulo uno

1. Juan 16:24.
2. Maestra Nada, *Perlas de sabiduría*, volumen 13, Nº 36, 6 de septiembre de 1970.
3. Mateo 21:22.
4. Juan 14:14.
5. Juan 16:24.
6. Lucas 12:32.
7. Salmos 24:1.
8. Primera Corintios 2:9.
9. Filipenses 4:19.
10. Hebreos 11:1.
11. Mark L. Prophet, 8 de abril de 1971.

## Capítulo dos

1. Juan 10:10.
2. Mateo 19:26.
3. Mateo 6:33.
4. Proverbios 24:3-5.
5. Proverbios 3:13-17.
6. Juan 10:30.
7. Salmos 35:27.
8. Lucas 17:21.
9. Mateo 6:33.
10. Santiago 1:17.
11. El Morya, *El discípulo y el sendero*, (Grupo Tomo, España).
12. Juan 16:15.
13. Salmos 23:1.
14. Mateo 6:11.
15. Apocalipsis 7:13-14.
16. Fortuna, 16 de octubre de 1966.
17. Fortuna, op. cit.
18. Malaquías 3:10.

## Capítulo tres

1. Arcángel Miguel, 11 de octubre de 1974.
2. Hebreos 11:1.
3. Hebreos 11:6.
4. Arcángel Miguel, 27 de noviembre de 1973.
5. Éxodo 3:14.
6. Mateo 21:22.
7. Proverbios 3:9.
8. Arcángel Miguel, op. cit.
9. Mark L. Prophet, «*Moméntum*», 28 de enero de 1973.
10. Mark L. Prophet, «Secretos de Prosperidad», 16 de octubre de 1966.
11. Fortuna, 16 de octubre de 1966.

12. Primera Tesalonicenses 5:17.

13. Arcángel Miguel, *Perlas de sabiduría*, volumen 13, N° 35, 30 de agosto de 1970.

14. Salmos 35:27-28.

15. Ray-O-Light, *Perlas de sabiduría*, volumen 25, N° 29, 18 de julio de 1982.

16. Arcángel Miguel, *Perlas de sabiduría*, volumen 13, 22 de noviembre de 1970.

## Capítulo cuatro

1. Hebreos 10:7, 9.

2. Juan 5:6.

3. Saint Germain, *Climb the Highest Mountain* («Escala la montaña más alta»), Summit U. Press, USA.

4. Saint Germain, op. cit.

5. Hilarión, 9 de octubre de 1966.

6. Fortuna, 16 de octubre de 1966.

7. Pablo el Veneciano, 12 de octubre de 1962.

8. Mateo 19:21.

9. Salmos 82:6.

10. *Climb the Highest Mountain*, op. cit.

11. Charles Fillmore, *Prosperity* («Prosperidad»); Unity Village, Missouri, 1987.

12. Mark L. Prophet, «Meditación sobre la integridad Crística», 8 de abril de 1971.

13. Mateo 9:22.

14. Mark L. Prophet, «Por qué el hombre debe perdonarse a sí mismo: libertad universal por medio del perdón», 9 de abril de 1971.

15. Lucas 15:11-32.

16. Mark L. Prophet, 8 de abril de 1971.

## Capítulo cinco

1. Jophiel, *Perlas de sabiduría*, volumen 26, N° 40, 27 de septiembre de 1983.

2. María, *Perlas de sabiduría*, volumen 26, N° 45, 1 de noviembre de 1983.

3. Rosa de Luz, *Perlas de sabiduría*, volumen 11, N° 29, 21 de julio de 1968.

4. *Morya*; Corwin Springs, Montana, Summit University Press.

5. Lucas 12:32.

6. Job 22:28.

7. Primera Juan 4:4.

8. Marcos 9:23.

9. Filipenses 4:13.

10. Proverbios 3:6.

11. Mateo 19:26.

12. Hércules, 26 de enero de 1964.

13. Juan 14:12.

14. Pablo el Veneciano, *Perlas de sabiduría*, volumen 25, N° 48, 22 de noviembre de 1982.

15. Hilarión, 29 de diciembre de 1976.

16. María, *My Soul Doth Magnify the Lord* («Engrandece mi alma al Señor»); Corwin Springs, Montana, Summit University Press.

17. *Morya*, op. cit.

18. Kuthumi, *Perlas de sabiduría*, volumen 11, N° 18, 5 de mayo de 1968.

19. Robert Burns, «A un ratón», estrofa 7.

20. Mateo 16:23.

21. Filipenses 4:13.

22. Salmos 46:10.

23. Romanos 8:31.

24. Pablo el Veneciano, op. cit.

25. Elizabeth Clare Prophet, *Inner Perspectives* («Perspectivas internas»).

26. El Morya, *La aventura sagrada*, (Grupo Tomo, México).

27. Lucas 22:42.

28. El Morya, op. cit.

29. El Morya, op. cit.

30. El Morya, *El discípulo y el sendero.*
31. El Morya, op. cit., introducción.
32. Morya, op. cit.
33. Juan 14:12.
34. Elizabeth Clare Prophet, E*merald Matrix,* («La matriz esmeralda»), evento 12, 12 de agosto de 1981.

### Capítulo seis

1. Filipenses 4:19.
2. Salmos 24:1.
3. Primera Corintios 2:9.
4. Mateo 6:34.
5. Mateo 6:32-33.
6. *Saint Germain: De alquimia,* (Grupo Tomo, México).
7. *Saint Germain..., op. cit.*
8. *Saint Germain..., op. cit.*
9. Ciclopea, 30 de diciembre de 1973.
10. Dios Armonía, 11 de octubre de 1971.
11. Lanto, *Perlas de sabiduría,* volumen 12, N° 27, 20 de julio de 1969.
12. Elizabeth Clare Prophet, *Inner Perspectives.*
13. Op. cit.
14. Génesis 1:3.
15. *Saint Germain...,* op. cit.
16. Op. cit.
17. Robert Collier, *Riches Within Your Reach.*
18. Génesis 1:3.
19. Salmos 23:1.
20. Mateo 19:26.
21. Gran Director Divino, *Perlas de sabiduría,* volumen 8, N° 25, 20 de junio de 1965.
22. *Morya.*
23. Serapis Bey, *Perlas de sabiduría,* volumen 25, N° 49, 5 de diciembre de 1982.
24. Gran Director Divino, op. cit.
25. Dios Armonía, *Perlas de sabiduría,*

volumen 23, N° 24, junio de 1980.
26. Juan 14:2.
27. Mark L. Prophet, «Por qué el hombre debe perdonarse a sí mismo...», 9 de abril de 1971.
28. Mateo 6:9-13.
29. Gálatas 6:7.
30. Mateo 13:12.
31. Juan 19:30.

### Capítulo siete

1. Mark L. Prophet, 28 de noviembre de 1968.
2. Merú, 5 de julio de 1963.
3. Lucas 21:19.
4. Lucas 22:42.
5. Pablo el Veneciano, 12 de octubre de 1962.
6. Salmos 118:1.
7. Salmos 24:1.
8. Salmos 19:1-2.
9. Salmos 100:1-5.
10. Robert Collier, *Riches Within Your Reach.*
11. Napoleon Hill, *Piense y hágase rico.*
12. Mateo 6:11.
13. Filipenses 4:6.
14. Primera Tesalonicenses 5:17.
15. Madre María, 26 de octubre de 1990.
16. Marcos 6:39-44.
17. Diosa de la Libertad, 5 de julio de 1969.
18. El Morya, julio de 1970.
19. Gautama Buda, 26 de marzo de 1976.
20. Zadkiel, 27 de julio de 1968.
21. Salmos 117:1-2.
22. Salmos 150:1-6.
23. Hechos 20:35.
24. Lucas 6:38.
25. Elizabeth Clare Prophet, «Sobre la gratitud divina», 7 de octubre de 1990.

26. Pablo el Veneciano, 12 de octubre de 1962.

27. *The Great White Brotherhood in the Culture, History and Religion of America* («La Gran Hermandad Blanca en la cultura, la historia y la religión de los Estados Unidos»); Corwin Springs, Montana, Summit University Press.

28. Vaivasvata Manu, *Perlas de sabiduría,* volumen 8, Nº 42, 17 de octubre de 1965.

29. Gálatas 6:7.

30. El Morya, *El discípulo y el sendero.*

31. Gran Director Divino, 20 de noviembre de 1960.

32. Wayne Muller, *Legacy of the Heart* («El legado del corazón»); Simon & Schuster, Nueva York, 1992.

33. Maitreya, *Perlas de sabiduría,* volumen 12, Nº 43, 26 de octubre de 1969.

34. Mateo 13:12.

35. Hechos 20:35.

36. El Morya, *Perlas de sabiduría,* volumen 12, Nº 12, 23 de marzo de 1969.

37. Génesis 1:3.

38. El Morya, 3 de abril de 1965.

39. Mateo 25:40.

40. Mateo 6:19-21.

41. Jesús, 12 de octubre de 1962.

42. Jesús, 25 de diciembre de 1992.

43. Maitreya, *Perlas de sabiduría,* volumen 27, Nº 16, 15 de abril de 1984.

44. Mark L. Prophet, 28 de noviembre de 1968.

## Capítulo ocho

1. Malaquías 3:10.

2. Mateo 10:8.

3. Mateo 6:33.

4. Elizabeth Clare Prophet, 10 de enero de 1991.

5. Fortuna, 16 de octubre de 1966.

6. Mark L. Prophet, «Secretos de prosperidad», 16 de octubre de 1966.

7. Og Mandino, *El mejor vendedor del mundo,* (Grijalbo, España).

8. Juan 10:10.

9. Mark L. Prophet, op. cit.

10. Lucas 6:38.

11. Hechos 20: 35.

12. Mateo 25:14-30.

13. Mateo 22:21.

14. Saint Germain, *Perlas de sabiduría,* volumen 8, Nº 39, 26 de septiembre de 1965.

15. Elizabeth Clare Prophet, 31 de enero de 1982.

16. Génesis 14:19-20.

17. Mark L. Prophet, op. cit.

18. Lucas 12:42.

19. Mateo 7:7-8.

20. Eclesiastés 11:1.

21. Juan 10:10.

22. Primera Juan 3:22.

23. Proverbios 3:9-10.

24. Juan 16:15.

25. Mateo 21:22.

26. Segunda Corintios 9:6-7.

27. Salmos 104:24.

28. Juan 14:13-14.

29. Lucas 6:38.

30. Mateo 6:26.

31. Juan 15:7.

32. Salmos 23:1.

33. Mateo 6:33.

34. Santiago 1:17.

35. Mateo 6:28.

36. Filipenses 4:19.

37. Hechos 20:35.

38. Marcos 12:30-31.

39. Malaquías 3:10.

40. Malaquías 3:7.

41. Salmos 1:1-3.

## Capítulo nueve

1. Marcos 10:52.
2. Hilarión, 8 de enero de 1967.
3. Lucas 11:9.
4. Rafael, 22 de diciembre de 1968.
5. Rafael, 28 de mayo de 1972.
6. Santiago 4:8.
7. Rafael, 23 de marzo de 1978.
8. María, *Perlas de sabiduría,* volumen 27, Nº 60, 12 de diciembre de 1984.
9. Rafael, 13 de abril de 1968.
10. Rafael, *Perlas de sabiduría,* volumen 25, Nº 49, 5 de diciembre de 1982.
11. Mateo 19:26.
12. María, *Perlas de sabiduría,* volumen 7, Nº 12, 20 de marzo de 1964.
13. Lucas 22:42.
14. María, 3 de julio de 1960.
15. Rafael, 3 de noviembre de 1966.
16. *Actas sobre la ascensión,* ( Horacio Garcés, España).
17. *Actas sobre la ascensión,* op. cit.
18. Diosa de la Pureza, 10 de abril de 1966.
19. Mateo 5:18.
20. María, 2 de septiembre de 1973.
21. Elizabeth Clare Prophet, 23 de marzo de 1974.
22. Gálatas 6:7.
23. Hechos 26:14.
24. María, 1960, Nueva York.
25. María, 3 de julio de 1960.
26. María, *Perlas de sabiduría,* volumen 3, Nº 52, 23 de diciembre de 1960.
27. María, *Perlas de sabiduría,* volumen 6, Nº 6, 8 de febrero de 1963.
28. María, *Perlas de sabiduría,* volumen 5, Nº 11, 16 de marzo de 1962.
29. María, *Perlas de sabiduría,* volumen 13, Nº 37, 13 de septiembre de 1970.
30. María, 20 de abril de 1962.
31. María, 2 de septiembre de 1973.
32. *Engrandece mi alma al Señor,* (Humanitas, España)
33. María, 20 de abril de 1973.
34. Juan 14:12.
35. Filipenses 4:13.
36. Lucas 10:37.
37. Rafael y María, 16 de febrero de 1986.
38. Elizabeth Clare Prophet, 23 de marzo de 1974.
39. Rafael, *Perlas de sabiduría,* volumen 29, Nº 62, 16 de noviembre de 1986.
40. María, 3 de julio de 1960.
41. Saint Germain, *Perlas de sabiduría,* volumen 28, Nº 12, 24 de marzo de 1985..Norman Vincent Peale, *The Power of Positive Thinking* («El poder del pensamiento positivo»); Englewood Cliffs, Nueva Jersey, Prentis Hall, 1952.
2. Napoleon Hill, *Piense y hágase rico,* (Grijalbo, España).
3. Mateo 18:20.
4. Robert Collier, *Riches Within Your Reach* («Riquezas a tu alcance»): Indialantic, Florida,Robert Collier Publications, Inc., 1984.
5. Unity School of Christianity (Lee´s Summit, Missouri).
6. Mateo 19:26.
7. Filipenses 4:13.

# Bibliografía

**Señores de los Siete Rayos** *Espejo de conciencia,* escrito por Mark L. Prophet y Elizabeth Clare Prophet. Arcano Books, España.

**Saint Germain: De Alquimia** *Fórmulas para la autotransformación,* registrado por Mark L. Prophet y Elizabeth Clare Prophet. Grupo Tomo, México.

**La ciencia de la Palabra hablada,** escrito por Mark L. Prophet y Elizabeth Clare Prophet. Arcano Books, España.

**La respuesta que buscas está dentro de ti,** escrito por Mark L. Prophet, recopilado y corregido por Elizabeth Clare Prophet. Porcia Ediciones, S.L., España.

**El aura humana** *Cómo activar y vigorizar el aura y los chakras,* por Kuthumi y Djwal Kul. Porcia Ediciones, S.L., España.

**The Great White Brotherhood** *in the Culture, History and Religion of America* («*La Gran Hermandad Blanca en la cultura, historia y religión de los Estados Unidos*»), escrito por Elizabeth Clare Prophet. Summit University Press, USA.

**El discípulo y el sendero** *Claves para la maestría del alma en la era de Acuario,* por el Maestro Ascendido El Morya dictado a la mensajera Elizabeth Clare Prophet. Grupo Tomo, México.

**Conciencia cósmica** *Un hombre en busca de Dios,* por Mark L. Prophet, registrado por Elizabeth Clare Prophet. Summit University Press, USA.

**Climb the Highest Mountain** *The Path of the Higher Self* («**Escala la montaña más alta** *El sendero del Yo Superior*»), escrito por Mark L. Prophet y Elizabeth Clare Prophet. Summit University Press, USA.

**Foundations of the Path** («**Cimientos del sendero**»), escrito por Mark L. Prophet y Elizabeth Clare Prophet. Summit University Press, USA.

**Forbidden Mysteries of Enoch** *Fallen Angels and the Origins of Evil* («**Misterios prohibidos de Henoc** *Ángeles caídos y los orígenes del mal*»), escrito por Elizabeth Clare Prophet. Summit University Press, USA.

**Actas sobre la ascensión** *El relato de la aceleración del alma a una conciencia superior en el sendero de la iniciación,* por Serapis Bey. Horacio Garcés, Colombia.

**El sendero a tu ascensión** *Redescubre el propósito último de la vida,* escrito por Annice Booth. Porcia Ediciones, S.L., España.

**Los años perdidos de Jesús** *Evidencia documental del viaje de Jesús al Oriente,* escrito por Elizabeth Clare Prophet. EDAF, España.

**Las enseñanzas perdidas de Jesús** *4 volúmenes,* escritos por Mark L. Prophet y Elizabeth Clare Prophet. Libro Latino, Argentina.

**Quietly Comes the Buddha** *Awakening Your Inner Buddha-Nature* («**Silenciosamente llega el Buda** *Cómo despertar tu naturaleza búdica interior*»), escrito por Elizabeth Clare Prophet. Summit University Press, USA.

**Kabbalah** *Clave de tu poder interior,* escrito por Elizabeth Clare Prophet. Promexa, México.

**Reencarnación** *El eslabón perdido del cristianismo,* escrito por Elizabeth Clare Prophet. Promexa, México.

**Ashram Notes** («**Notas del ashram**»), escrito por El Morya.

**Abundancia creativa** *Claves para lograr la prosperidad espiritual y material,* escrito por Mark L. Prophet y Elizabeth Clare Prophet. Alamah, México.

**Cómo trabajar con los ángeles**, escrito por Elizabeth Clare Prophet. Alamah, México.

**El poder creativo del sonido** *Afirmaciones para crear, curar y transformar,* escrito por Elizabeth Clare Prophet. Alamah, México.

**Cómo acceder al poder de tu Yo Superior**, escrito por Elizabeth Clare Prophet. Alamah, México.

**Llama violeta: curación de cuerpo, mente y alma**, escrito por Elizabeth Clare Prophet. Alamah, México.

**Relaciones que unen corazón y alma,** Psicología espiritual del amor, escrito por la Dra. Marilyn C. Barrick. Porcia Ediciones, S.L.

# Glosario

**Alma.** Ya sea que ocupe un cuerpo masculino o femenino, el alma es el complemento femenino del Espíritu, que es masculino. Dios es un Espíritu y el alma es el potencial vivo de Dios. El alma puede perderse; el Espíritu nunca puede morir. La reunión del alma y el Espíritu es el matrimonio alquímico que hace inmortal al alma gracias al ritual de la ascensión.

**Alquimia.** Ciencia espiritual consistente en cambiar los elementos viles de la naturaleza humana por el oro del Cristo. Durante la Edad Media, los científicos usaban estas leyes y técnicas para convertir el plomo en oro. El Maestro Ascendido Saint Germain ha escrito un libro que explica la ciencia sagrada de la alquimia. (Véase la bibliografía.)

**Arcángel.** Rango más alto en la orden de los ángeles. Cada uno de los siete rayos tiene un arcángel al frente del mismo quien, con su complemento divino o **arcangelina**, encarna la conciencia divina de ese rayo y dirige a las bandas de ángeles que están bajo sus órdenes.

**Ascensión.** Ritual gracias al cual el alma se reúne con el Espíritu del Dios Vivo, la Presencia YO SOY. La ascensión es la culminación del viaje victorioso en Dios que realiza el alma por el tiempo y el espacio. Esta reunión con Dios, que indica el final de las rondas del karma y del renacimiento y el regreso a la gloria del Señor, es la meta de la vida para los hijos e hijas de Dios. El alma se reviste de su traje de boda y asciende a través de su Yo Crístico hasta la Presencia YO SOY.

**Astrea.** Elohim del Cuarto Rayo de la Pureza; libera a las almas del plano astral y de las proyecciones de las fuerzas de las tinieblas. (Véase Elohim.)

**Chakras.** (Palabra sánscrita que significa rueda, disco, círculo.) Término usado para referirse a los centros de luz ubicados en el cuer-

270 Secretos de prosperidad

po etérico y que guían el flujo de la energía a los cuatro cuerpos inferiores del hombre. Hay siete chakras principales, cinco chakras menores, que se corresponden con los cinco rayos secretos, y un total de 144 centros de luz en el cuerpo del hombre.

**Chela.** Discípulo de un líder espiritual o gurú. Estudiante que posee una autodisciplina extraordinaria y devoción; iniciado por un maestro ascendido, por el Buda o por los Instructores Mundiales al servicio de la causa de la Gran Hermandad Blanca. Un adepto del Cristo en el proceso de alcanzar su automaestría. (Es término sánscrito que significa esclavo o siervo.)

**Chohán.** Término tibetano usado para referirse a un señor o maestro, un jefe. Cada uno de los siete rayos tiene un chohán que enfoca la conciencia Crística del rayo. Los nombres de los chohanes de los rayos (cada uno un maestro ascendido que es representante de uno de los siete rayos para quienes evolucionan en la Tierra) y el emplazamiento de sus retiros en el plano etérico es el siguiente: primer rayo, El Morya, Retiro de la Buena Voluntad, Darjeeling (India); segundo rayo, Lanto, Retiro del Royal Teton, Jackson Hole (Wyoming); tercer rayo, Pablo el Veneciano, Château de Ljberté, Francia meridional, así como el monumento a Washington, en la ciudad de Washington; cuarto rayo, Serapis Bey, Templo de la Ascensión en Luxor (Egipto); quinto rayo, Hilarión, Templo de la Verdad, Creta; sexto rayo, Maestra Nada, Retiro Árabe, Arabia Saudita; séptimo rayo, Saint Germain, Cueva de los Símbolos (Wyoming), Cueva de la Luz (India) y mansión Rakoczy (Transilvania).

**Conciencia Crística.** Conciencia o conocimiento del yo en el Cristo y como él; logro del nivel de conciencia equivalente al que alcanzó Jesús el Cristo; logro de la acción equilibrada de poder, sabiduría y amor —de Padre, Hijo y Espíritu Santo— y la pureza de la Madre por medio de la llama trina equilibrada dentro del corazón.

**Consejo Kármico.** Véase Señores del Karma.

**Cosmos.** El universo concebido como un sistema armonioso y ordenado; todo lo que existe en el tiempo y el espacio, incluyendo el espectro de la luz, las fuerzas de los cuerpos, los ciclos de los elementos, la vida, la inteligencia, la memoria y dimensiones más allá de la percepción física.

**Cuatro cuerpos inferiores.** Cuatro revestimientos de conciencia de cuatro frecuencias diferentes que rodean al alma: físico, emocional, mental y etérico; constituyen vehículos para el alma en su viaje por el tiempo y el espacio. El cuerpo etérico alberga el patrón de la identidad del alma y contiene la memoria de todo lo que le ha sucedido al alma y de todos los impulsos que ésta ha enviado. El cuerpo mental es el receptáculo de las facultades cognoscitivas; cuando está purificado, puede convertirse en la Mente de Dios. El cuerpo de los deseos o cuerpo emocional, denominado cuerpo astral en la literatura oriental, alberga los deseos superiores e inferiores y registra todas las emociones. El cuerpo físico es el que le permite al alma progresar en el universo material. La funda etérica, la de vibración más elevada, es la puerta de entrada a los tres cuerpos superiores: el Yo Crístico, la Presencia YO SOY y el Cuerpo Causal.

**Cuerpo Causal.** Esferas de luz que rodean a la Presencia YO SOY a niveles espirituales. Las bandas de color del Cuerpo Causal contienen los registros de los actos virtuosos que hemos realizado para gloria de Dios y bendición del hombre a lo largo de nuestras muchas encarnaciones en la Tierra.

**Cuerpos sutiles.** Véase cuatro cuerpos inferiores.

**Ciclopea.** Elohim del quinto rayo, el Ojo Omnividente de Dios; ayuda a precipitar y a mantener el concepto inmaculado.

**Decretos.** Oraciones rítmicas que invocan una poderosa energía espiritual. Esta energía luminosa, combinada con la visualización, tiene la cualidad especial de borrar y transmutar las cualidades y sucesos de nuestras vidas que representen una carga. Es una forma dinámica de oración hablada que usan los estudiantes de los maestros ascendidos para dirigir la luz de Dios a asuntos personales y mundiales. El decreto puede ser corto o largo y normalmente se caracteriza por tener un preámbulo formal y un cierre o aceptación. Es la Palabra de Dios autorizada pronunciada por el hombre en el nombre de la Presencia YO SOY y del Cristo vivo para producir cambios constructivos en la Tierra de acuerdo con la voluntad de Dios. Es también el derecho de nacimiento de los hijos e hijas de Dios: «dadme órdenes» (Isaías 45:11), «hágase la luz; y la luz se hizo» (Génesis 1:3): el fíat original del Creador. «Decretarás una cosa y te será establecida; y por tus caminos brillará la luz» (Job 22:28). (Véase también Decretos de Corazón, Cabeza y Mano.)

**Decretos de Corazón, Cabeza y Mano.** (Véase también decretos.)
FUEGO VIOLETA

*Corazón*
¡Fuego violeta, divino amor,
llamea en este mi corazón!
Misericordia verdadera tú eres siempre,
manténme en armonía contigo eternamente!

*Cabeza*
YO SOY Luz, tú, Cristo en mí,
libera mi mente ahora y por siempre;
fuego violeta brilla aquí
entra en lo profundo de esta mi mente.

Dios que me das el pan de cada día,
con fuego violeta mi cabeza llena
que tu bello resplandor celestial
haga de mi mente una mente de luz.

*Mano*
YO SOY la mano de Dios en acción,
logrando la victoria todos los días;
para mi alma pura es una gran satisfacción
seguir el sendero de la vía media.

### Tubo de luz

Amada y radiante Presencia YO SOY,
séllame ahora en tu tubo de luz
de llama brillante maestra ascendida
ahora invocada en el nombre de Dios.
Que mantenga libre mi templo aquí
de toda discordia enviada a mí.

YO SOY quien invoca el fuego violeta,
para que arda y transmute todo deseo,
persistiendo en nombre de la libertad,
hasta que me una a la llama violeta.

### Perdón

YO SOY el perdón aquí actuando,
arrojando las dudas y los temores,
la victoria cósmica despliega sus alas
liberando por siempre a todos los hombres.

YO SOY quien invoca con pleno poder
en todo momento la ley del perdón;
a toda vida y en todo lugar
inundo con la gracia del perdón.

### Provisión

Libre YO SOY de duda y temor,
desechando la miseria y toda la pobreza,
sabiendo ahora que la buena provisión
proviene de los reinos celestiales del Señor.

YO SOY la mano de la fortuna de Dios
derramando sobre el mundo los tesoros de la luz,
recibiendo ahora la abundancia plena
las necesidades de mi vida quedan satisfechas.

### Perfección

Vida de dirección divina YO SOY
enciende en mí tu luz de la verdad.
Concentra aquí la perfección de Dios
libérame de toda la discordia ya.

Guárdame siempre muy bien anclado
en toda la justicia de tu plan sagrado,
¡YO SOY la presencia de la perfección
viviendo en el hombre la vida de Dios!

### Transfiguración

YO SOY quien transforma todas mis prendas,
cambiando las viejas por el nuevo día;
con el sol radiante del entendimiento
por todo el camino YO SOY el que brilla.

YO SOY luz por dentro, por fuera;
YO SOY luz por todas partes.
¡Lléname, sana, glorifícame!
¡Séllame, libera, purifícame!
Hasta que así transfigurado todos me describan:
¡YO SOY quien brilla como el Hijo,
YO SOY quien brilla como el sol!

### Resurrección

YO SOY la llama de la resurrección
destellando la pura luz de Dios.
YO SOY quien eleva cada átomo ahora,
YO SOY liberado de todas las sombras.

YO SOY la Luz de la Presencia Divina,
YO SOY por siempre libre en mi vida.
La preciosa llama de la vida eterna
se eleva ahora hacia la victoria.

*Ascensión*
YO SOY la luz de la ascensión
fluye libre la victoria aquí,
todo lo bueno ganado al fin
por toda la eternidad.

YO SOY luz, desvanecido todo peso
en el aire ahora me elevo;
con el pleno poder de Dios en el cielo
mi canto de alabanza a todos expreso.

¡Salve! YO SOY el Cristo viviente,
un ser de amor por siempre.
¡Ascendido ahora con el poder de Dios
YO SOY un sol resplandeciente!

**Dictados.** Mensajes —recibidos a través de los mensajeros de la Gran Hermandad Blanca— de seres cósmicos, maestros ascendidos, arcángeles y ángeles y dados por mediación del Espíritu Santo.

**Dios o Diosa.** Términos usados para referirse a seres ascendidos en razón de su dedicación completa y sincera a la llama que han escogido defender y personificar; un título o rango en la jerarquía. Estos términos no se usan en este libro como referencia a los antiguos dioses y diosas paganos.

**Dios Armonía.** Gran ser cósmico que mantiene la llama de la armonía en el mundo.

**Diosa de la Libertad.** Maestra ascendida que mantiene la conciencia divina de la libertad para la Tierra. Ella es portavoz del Consejo Kármico y representa al segundo rayo en ese consejo. Su estatua está en la isla Liberty (isla Bedloe) en el puerto de Nueva York.

**Diosa de la Pureza.** Maestra ascendida de gran logro que sirve en el cuarto rayo de la pureza y la ascensión. Trabaja de cerca con la Diosa de la Luz y la Reina de la Luz, así como con Serapis Bey y los serafines.

**El Morya.** Maestro ascendido instructor y patrocinador de los mensajeros, Mark L. Prophet y Elizabeth Clare Prophet, y fundador de The Summit Lighthouse. Es el Jefe del Consejo de Darjeeling de la Gran Hermandad Blanca. Señor o chohán del primer rayo de la voluntad de Dios.

**Elementales.** Seres de la tierra, el aire, el fuego y el agua; espíritus de la naturaleza que son los siervos de Dios y del hombre en los planos de la materia para el establecimiento y mantenimiento del plano físico como plataforma para la evolución del alma. Los elementales que sirven bajo el elemento fuego son llamados salamandras; los que sirven bajo el elemento aire, silfos; los del elemento agua, ondinas; y los de la tierra, gnomos. (Véase en las páginas 57 a 59 una explicación detallada sobre el elemental del cuerpo.)

**Elohim.** Los siete poderosos Elohim y sus complementos divinos son los constructores de la forma. Elohim es el nombre de Dios que se usa en el primer versículo de la Biblia: «En el principio creó Dios los cielos y la tierra» (Génesis 1:1). Los siete Elohim son los «siete espíritus de Dios» nombrados en el Apocalipsis (4:5) y las «estrellas del alba» que cantaban a coro en el principio, como el Señor le reveló a Job (38:7). En el orden de la jerarquía, los Elohim y los seres cósmicos llevan la concentración mayor— la más elevada— de luz que podemos comprender en nuestro actual estado de evolución.

**Espíritu.** Polaridad masculina de la Deidad; la coordenada de la Materia; Dios como Padre, que necesariamente incluye en Sí mismo a Dios Madre y es, por lo tanto, conocido como el Dios Padre/Madre; el plano de perfección de la Presencia YO SOY; la morada de los maestros ascendidos en el reino de Dios. (Cuando se escribe con minúscula, «espíritu», el término es sinónimo de entidades astrales o entes desencarnados.)

**Espíritu Santo.** Tercera Persona de la Trinidad (Padre, Hijo y Espíritu Santo); las lenguas hendidas de fuego, que descendieron sobre los discípulos en Pentecostés. En la Trinidad hindú de Brahma, Visnú y Siva, el Espíritu Santo se corresponde con Siva. El representante del Espíritu Santo para quienes evolucionan en la Tierra es el maestro ascendido que ocupa el cargo de Maha Chohán.

**Fortuna.** Diosa de la Provisión, enseña las leyes de la precipitación y de la abundancia.

**Fuego sagrado.** Dios, luz, vida, energía, el YO SOY EL QUE YO SOY; la precipitación del Espíritu Santo para el bautismo de las almas, para la purificación, la alquimia y la transmutación, y para lograr la ascensión, que es el ritual sagrado del regreso a Dios.

**Gráfica de tu Yo Divino.** (Véase la página 48.) En la Gráfica se encuentran representadas tres figuras. La superior es la Presencia YO SOY, el YO SOY EL QUE YO SOY, Dios individualizado para todo hijo e hija. La figura media es el mediador entre Dios y el hombre; también ha sido llamado el Cuerpo Mental Superior o conciencia Crística. La figura inferior está rodeada de un tubo de luz que es proyectado desde el corazón de la Presencia YO SOY. El cordón cristalino es la corriente de luz que desciende desde el corazón de la Presencia YO SOY a través del Yo Crístico y llega a los cuatro cuerpos inferiores para sostener al alma en el tiempo y el espacio.

**Gran Director Divino.** Maestro ascendido cuyo logro de conciencia cósmica le cualifica para personificar la llama de la dirección divina para todos los que evolucionan en la Tierra y más allá. Es el representante del primer rayo en el Consejo Kármico.

**Gran Hermandad Blanca.** Fraternidad espiritual de maestros ascendidos, arcángeles y otros seres espirituales avanzados; una orden espiritual de santos occidentales y adeptos orientales que han trascendido los ciclos del karma y el renacimiento y han ascendido a la realidad superior. Trabajan con los buscadores sinceros de toda raza, religión y procedencia para ayudar a la humanidad. La palabra «blanca» no se refiere a la raza, sino al aura de luz blanca, el halo que rodea a estos inmortales. La Hermandad incluye también a ciertos discípulos —todavía sin ascender— de los maestros ascendidos.

**Gurú.** (Término hindi y sánscrito) Instructor religioso personal, guía espiritual; alguien de gran avance espiritual; puede estar ascendido o no.

**Hilarión.** Chohán o Señor del quinto rayo de la curación y la ciencia. Trabaja con los escépticos y los agnósticos. En una encarnación pasada fue Saulo de Tarso, quien se convirtió en el gran evangelista Pablo, autor de muchos de los libros del Nuevo Testamento.

**Instructores Mundiales.** Cargo en la jerarquía que ocupan conjuntamente los maestros ascendidos Jesús y Kuthumi. Son responsables de exponer las enseñanzas del ciclo de dos mil años de la era de Acuario. Patrocinan la educación en todos los niveles, desde preescolar hasta el universitario. Representan al Cristo universal y personal para todas las personas no ascendidas.

**Jerarquía.** La cadena universal de seres individuales libres en Dios. El criterio que determina la posición de alguien en la escalera de la vida denominada jerarquía es el nivel de logro espiritual/físico, medido por la autoconciencia equilibrada y la demostración, con su amor, del uso de la ley de Dios en el cosmos Espiritual/Material.

**Karma.** La ley de causa y efecto, la ley de retribución; también llamada la ley del círculo, decreta que todo lo que hacemos regresa hasta nosotros al final de un ciclo para ser resuelto. Pablo dijo: «Pues lo que uno siembre, eso cosechará» (Gálatas 6:7). La ley del karma precisa la reencarnación del alma para que ésta pueda pagar la deuda de sus abusos de la energía y la luz de Dios. Así, de una vida a otra el hombre determina su destino por medio de acciones, incluyendo en éstas pensamientos, sentimientos, palabras y obras. La transmutación del karma se puede acelerar con invocaciones a la llama violeta del Espíritu Santo.

**Kuthumi.** Maestro ascendido que sirve con Jesús con el cargo de Instructor Mundial; es responsable de exponer las enseñanzas de este ciclo de dos mil años de la era de Acuario que conducen a la automaestría individual y a la conciencia Crística; maestro psicólogo; patrocinador de la juventud; estuvo encarnado como san Francisco de Asís; también llamado K.H. quien, junto con El Morya, fundó la Sociedad Teosófica en 1875 para volver a familiarizar a los hombres con la antigua sabiduría que es el fundamento de todas la religiones principales.

**Lanelo.** Mark L. Prophet tomó este nombre cuando ascendió. Es conocido por su corazón magnánimo y por su amor hacia la gente común. Dos de sus principales encarnaciones fueron Sir Lanzarote del Lago y el poeta norteamericano Longfellow.

**Lanto.** Señor del segundo rayo, el de la sabiduría y la iluminación. Da clases a estudiantes no ascendidos en el Retiro del Royal Teton (Wyoming) y trabaja de cerca con Saint Germain para la libertad de la humanidad en esta era.

**Llama gemela.** La contraparte masculina o femenina del individuo concebida a partir del mismo cuerpo de fuego blanco, el ovoide ígneo de la Presencia YO SOY.

**Llama trina.** Llama del Cristo que es la chispa divina de la vida afianzada en la cámara secreta del corazón de los hijos e hijas de Dios; la trinidad sagrada de poder, sabiduría y amor que es la manifestación del fuego sagrado; el punto de contacto del alma con su Origen.

**Llama violeta.** Aspecto del séptimo rayo del Espíritu Santo. Fuego sagrado que transmuta la causa, el efecto, el registro y la memoria del pecado, es decir, del karma negativo. También llamada la llama de la transmutación, la misericordia, el perdón y la libertad.

**Luz.** La luz espiritual es la energía de Dios, el potencial del Cristo. En el sentido de personificación del Espíritu, el término «Luz» puede ser usado como sinónimo de las palabras «Dios» y «Cristo». Como esencia del Espíritu, puede ser sinómino de «fuego sagrado». Es la emanación del Gran Sol Central y de la Presencia YO SOY individualizada, el origen de toda la vida.

**Madre María.** Madre de Jesús el Cristo; llama gemela del Arcángel Rafael; también llamada Santa Virgen, la Santa Madre y la Madre de Dios.

**Maestro ascendido.** Es quien, por medio del Cristo, ha dominado el tiempo y el espacio y ha obtenido la maestría de su propio ser en los cuatro cuerpos inferiores y en los cuatro cuadrantes de la materia; y además ha equilibrado la llama trina, transmutado al menos el cincuenta y uno por cien de su karma, realizado su plan divino, recibido las iniciaciones del ritual de la ascensión y ha sido acelerado por medio del fuego sagrado hasta la Presencia del YO SOY EL QUE YO SOY. Habita en los planos del Espíritu, o sea, en el reino de Dios, y puede enseñar a las almas no ascendidas en los retiros etéricos que se hallan en los planos sutiles.

**Maha Chohán.** (Sánscrito). «Gran Señor» de los siete rayos; el representante del Espíritu Santo para un planeta y para quienes en él evolucionan; encarna la Trinidad y la llama de la Madre de los siete rayos y es apto para ser el *Chohán* o *Señor* de cada uno de los rayos, o de todos ellos. Es, por lo tanto, llamado Maha Chohán, ya que rige sobre los siete chohanes de los rayos.

**Maitreya.** Cristo Cósmico y Buda Planetario; gurú de Jesucristo; llamado en Oriente «el Buda Venidero».

**Mark L. Prophet y Elizabeth Clare Prophet.** Mensajeros de los maestros ascendidos para esta era; instructores, conferenciantes, escritores; fundadores, junto con El Morya, de The Summit Lighthouse.

**Materia.** El medio por el cual el Espíritu adquiere, «físicamente», dimensión y forma cuádruple a través de la polaridad femenina o negativa de la Deidad; término usado para describir los planos del ser que se conforman y componen el cáliz o matriz universal para el descenso de la Luz de Dios que es percibida como Madre; el aspecto de Dios como Madre.

**Mensajero.** Los mensajeros de la Gran Hermandad Blanca están ungidos por la jerarquía como apóstoles, a fin de que entreguen las enseñanzas perdidas de Jesucristo por medio de dictados y profecías de los maestros ascendidos; han sido formados por un maestro ascendido para recibir por diferentes métodos las palabras, los conceptos, las enseñanzas y los mensajes de la Gran Hermandad Blanca; alguien que entrega la ley, las profecías y las dispensaciones de Dios para un pueblo y una era. Mark L. Prophet y Elizabeth Clare Prophet son los mensajeros de Dios para esta era. (Apocalipsis 14:6; Mateo 10:6; 15:24.)

**Mente carnal.** El ego humano, la voluntad humana y el intelecto humano; autoconocimiento sin el Cristo; la naturaleza animal del hombre.

**Merú.** Manú de la sexta raza raíz. Él y la Diosa Merú tienen su retiro sobre el lago Titicaca y personifican la Llama de la Madre para el mundo.

**Miguel, Arcángel.** Arcángel del primer rayo, Príncipe de los Arcángeles, conocido como el Defensor de la Fe y de la Mujer y su Progenie, es el paladín de la conciencia Crística en todos los hijos de Dios. Encarna la conciencia divina de fe, protección, perfección y voluntad de Dios. Desde su retiro en el plano etérico sobre Banff, en Alberta (Canadá), sale para recorrer el mundo entero con sus legiones de ángeles del relámpago azul, proteger a los hijos de la luz y preservar la libertad en la Tierra. Miguel ha creado una espada de llama azul a partir de pura substancia luminosa para liberar a todos los devotos de los enredos astrales. Su nota clave es el himno de la armada estadounidense, «Eternal Father, Strong to Save». La nota clave de su retiro es el «Coro de los soldados» de *Fausto*. El nombre de su complemento femenino es Fe.

**Nada.** Maestra chohán del sexto rayo, el del ministerio y servicio. También sirve en el Consejo Kármico como representante del tercer rayo, el del amor.

**Octava etérica (plano etérico).** Plano superior en la dimensión de la materia; un plano que es tan concreto y real como el plano físico (e incluso más), pero que es experimentado por medio de los sentidos del alma en una dimensión y conciencia más allá de la percepción física; el plano en el que los registros *akásicos* de toda la evolución de la humanidad quedan registrados individual y colectivamente; el mundo de los maestros ascendidos y sus retiros; ciudades etéricas de luz donde las almas de evolución más avanzada habitan entre una encarnación y otra; el plano de la realidad. El plano etérico inferior, que se superpone sobre los cinturones astral/mental/físico, está contaminado por la conciencia de las masas y por la sociedad inferior que el hombre y sus emociones han creado en el plano terrenal.

**Pablo el Veneciano.** El maestro ascendido que es señor del tercer rayo del amor y la belleza estuvo encarnado como Paolo Veronese

(1528-1588), pintor italiano de gran renombre. Muchos de sus cuadros están exhibidos en varios museos hoy día, donde todavía conservan el brillo de los colores originales.

**Palabra hablada.** Los discípulos usan el poder de la Palabra (el Verbo) en los decretos, afirmaciones, oraciones y mantras para atraer la esencia del fuego sagrado desde la Presencia YO SOY, el Yo Crístico y seres cósmicos con el fin de canalizar la luz de Dios a matrices de transmutación y transformación para así producir cambios constructivos en los planos de la materia.

**Palas Atenea.** Diosa de la Verdad. Una maestra que trabaja con Hilarión en el quinto rayo de la verdad, la ciencia y la curación. También representa al quinto rayo en el Consejo Kármico.

**Paráclito.** El Espíritu Santo; el Consolador. (Véase Espíritu Santo y Maha Chohán.)

**Perlas de sabiduría.** Cartas semanales de enseñanza dictadas por los maestros ascendidos a sus mensajeros, Mark y Elizabeth Prophet, y destinadas a estudiantes de los misterios sagrados del mundo entero; publicadas por The Summit Lighthouse ininterrumpidamente desde 1958. Contienen enseñanzas básicas y avanzadas sobre ley cósmica así como la aplicación práctica de las verdades espirituales a problemas personales y planetarios.

**Plano astral.** Frecuencia de tiempo y espacio que se encuentra más allá de la física, pero por debajo de la mental, y que se corresponde con el cuerpo emocional del hombre y con el inconsciente colectivo de la especie humana; depósito de los pensamientos y sentimientos de la humanidad, conscientes e inconscientes. Debido a que el plano astral ha sido contaminado con pensamientos y sentimientos impuros, el término «*astral*» se usa a menudo en un contexto negativo para referirse a algo impuro o *psíquico*.

**Presencia electrónica.** Es un duplicado de la Presencia Divina o Presencia YO SOY de un maestro ascendido.

**Presencia YO SOY.** El YO SOY EL QUE YO SOY; la Presencia de Dios individualizada para cada alma; la identidad Divina del individuo.

**Rafael.** Este arcángel de la curación es nuestro médico divino. Rafael, y su llama gemela María, sirven en el quinto rayo —de color verde esmeralda— que concentra las cualidades de la verdad, la constancia, la ciencia, la precipitación, la curación y la regeneración.

**Rayos.** Haces de luz o de otra energía radiante; emanaciones luminosas de la Deidad que, cuando son invocadas en el nombre de Dios o en el nombre del Cristo, se convierten en llamas en el mundo del individuo. Los rayos pueden ser proyectados por la conciencia Divina de seres ascendidos o no ascendidos por medio de los chakras y del tercer ojo como una concentración de energía que puede asumir diversas cualidades Divinas, tales como el amor, la verdad, la sabiduría, la curación, etc. (Véase rayos de color.)

**Rayos de color.** Emanaciones luminosas de la Deidad. Los siete rayos de la luz blanca que emergen del prisma de la conciencia Crística son (en orden del primero al séptimo): azul, amarillo, rosa, blanco, verde, morado y oro con matices rubí, y violeta.

**Retiros.** Focos de la Gran Hermandad Blanca, principalmente en el plano etérico, presididos por maestros ascendidos. Los retiros tienen muchas funciones para los consejos de la jerarquía que sirven a las oleadas de vida de la Tierra. Algunos retiros están abiertos para las personas no ascendidas cuyas almas pueden viajar a estos lugares en su cuerpo etérico y entre una encarnación y otra.

**Rosa de Luz.** Maestra de gran amor, ella irradia su presencia por medio de la belleza de las rosas.

**Saint Germain.** Maestro ascendido que es el jerarca de la era de Acuario y chohán del séptimo rayo, el de la libertad; patrocinador de los Estados Unidos de América; enseña a las almas la ciencia y el ritual de la alquimia y la transmutación por medio de la llama violeta con el poder de la Palabra hablada, la meditación y la visualización.

**Sendero de iniciación.** La entrada estrecha y el camino angosto que lleva a la vida (Mateo 7:13-14). El sendero por el cual, por medio de iniciaciones, el discípulo que busca la conciencia Crística supera paso a paso las limitaciones de la personalidad en el tiempo y el espacio y logra reunirse con la Realidad por medio del ritual de la ascensión.

**Señores del Karma.** Seres ascendidos que componen el Consejo Kármico. Sus nombres y los rayos que representan en el consejo son: primer rayo, el Gran Director Divino; segundo rayo, la Diosa de la Libertad; tercer rayo, la Maestra Ascendida Nada; cuarto rayo, el Elohim Ciclopea; quinto rayo, Palas Atenea, Diosa de la Verdad; sexto rayo, Porcia, Diosa de la Justicia; séptimo rayo, Kuan Yin, Diosa de la Misericordia. Los Señores del Karma dispensan justicia a este sistema de mundos, otorgando el karma, la misericordia y el juicio a todas las corrientes de vida. Todas las almas tienen que pasar ante el Consejo Kármico antes y después de cada encarnación en la Tierra, recibiendo su tarea y su asignación kármica para cada vida por anticipado, y revisando cómo les fue al final de la misma. Gracias al Guardián de los Pergaminos y a los ángeles registradores, los Señores del Karma tienen acceso al registro íntegro de las encarnaciones de todas las corrientes de vida en el planeta. Los Señores del Karma deciden quién va a encarnar, así como cuándo y dónde. Asignan las almas a ciertas familias y comunidades, repartiendo las cargas kármicas que han de ser saldadas. El Consejo Kármico, actuando en conjunto con la Presencia YO SOY y el Yo Crístico de la persona, decide cuándo el alma se ha ganado el derecho de liberarse de la rueda del karma y del renacimiento. Los Señores del Karma se reúnen en el Retiro del Royal Teton dos veces al año, en el solsticio de verano y en el de invierno, para revisar peticiones realizadas por la humanidad no ascendida y para conceder dispensaciones de ayuda.

**Serapis Bey.** Señor del cuarto rayo, el de la pureza y la ascensión, jerarca del Templo de la Ascensión en Luxor (Egipto). Allí da clases y prepara a las almas para la ascensión.

**Summit University.** Escuela de misterios moderna para hombres y mujeres acuarianos del siglo XXI y más allá, fundada en 1971 bajo la dirección de los mensajeros, Mark L. Prophet y Elizabeth Clare Prophet. Summit University tiene en la actualidad retiros de entre cinco y diez días en el mes de julio. Por medio del estudio de las enseñanzas de los maestros ascendidos dadas a través de sus mensajeros, los estudiantes buscan las disciplinas del sendero de la ascensión que lleva a la reunión final del alma con el Espíritu del Dios vivo.

**The Summit Lighthouse.** Organización externa de la Gran Hermandad Blanca fundada por Mark L. Prophet en 1958 en la ciudad de Washington bajo la dirección del Maestro Ascendido El Morya, Jefe del Consejo de Darjeeling, con el propósito de publicar y diseminar las enseñanzas de los maestros ascendidos.

**Tubo de luz.** La luz blanca que desciende desde el corazón de la Presencia YO SOY en respuesta al llamado del devoto, que actúa como escudo de protección para sus cuatro cuerpos inferiores y protege la evolución de su alma.

**Yo Crístico.** El Cristo Universal individualizado como verdadera identidad del alma; el Yo Real de todo hombre, mujer y niño; el Mediador entre el hombre y su Dios (la Presencia YO SOY); el instructor personal, guardián y amigo de todas las personas; la voz de la conciencia.

**Yo Real.** El Yo Crístico; la Presencia YO SOY; el Espíritu inmortal que es el principio animador de toda la manifestación.

**YO SOY EL QUE YO SOY.** El nombre de Dios (Éxodo 3:13-15).

**Yo Superior.** La Presencia YO SOY y el Yo Crístico.

**Zadkiel.** Arcángel del séptimo rayo de la libertad y la transmutación. Junto con su llama gemela, Santa Amatista, enseña la maestría de la llama de la libertad y del séptimo rayo en los gobiernos y las economías de las naciones, la ciencia de la alquimia y el ritual de la invocación.

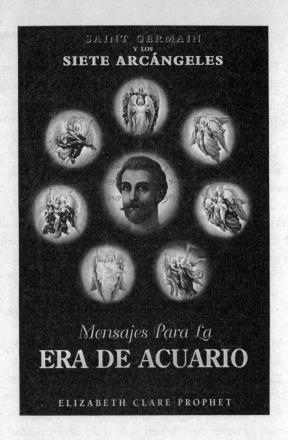

## Mensajes para la Era de Acuario

Cómo afrontar los desafíos de nuestro tiempo. Nuestro papel en la era de Acuario y cómo podemos trabajar para mejorar nuestras relaciones personales, superar los obstáculos que se oponen a nuestro crecimiento espiritual y aliviar el sufrimiento de otros.

ISBN: 84-930812-3-X   224 páginas

Guía para el conocimiento de uno mismo
y la comprensión del alma

# El destino
del
alma

Mark L. Prophet
Elizabeth Clare Prophet

PORCIA · EDICIONES

## El destino del alma

*El destino del alma* nos brinda una perspectiva única
acerca de como dominar los componentes del ser: el ego, el
karma y el Ser más allá del ser; y nos enseña a escuchar a la
voz del alma para extraer de ella la sabiduría universal.

ISBN: 84-95513-08-0     192 páginas

## *Para más información*

Barcelona (España)

### PORCIA EDICIONES, S.L.
Enamorados, 68 Principal 1ª
08013 Barcelona
España
Tel./ Fax  (34) 93 436 21 55

Miami (U.S.A.)

### PORCIA PUBLISHING CORP.
1790 W 49 St. suite 305/12
Hialeah, FL 33012
U.S.A.
Tel./Fax  (1) 305 364 00 35

E-mail: porciaediciones@wanadoo.es


## *Para cursos, seminarios*
## *y conferencias*


Barcelona (España)  Tel. (34) 93 450 26 13
Madrid    (España)  Tel. (34) 91 758 12 85
Valladolid (España)  Tel. (34) 983 27 07 31